AF558802

HELENA PELK

DAS LENORMAND HANDBUCH

Email: info@edition-lunerion.de
www.edition-lunerion.de

Psiana eCom UG
Berumer Str. 44
26844 Jemgum

INHALT

Kartomanie – Die Kunst des Kartenlegens

Wenn Sie an Kartenlegen denken, was kommt Ihnen zuerst in den Sinn? Viele Menschen stellen sich beispielsweise eine unheimliche Wahrsagerin vor, die mit ihren Karten einen Blick in die Zukunft wagt. Dabei kommen meistens schlechte Botschaften zum Vorschein. Bei den Fragestellern stellt sich dann ein Gefühl von Unsicherheit und Unbehagen ein. Oft befindet sich diese Wahrsagerin auf dem Rummelplatz, wo sie lediglich der Bespaßung dient. Kartenlegen ist hauptsächlich mit Klischees behaftet und wird schnell mit Magie und Hexerei in Verbindung gebracht.

Kartomantie, so wird die Kartenlegekunst auch genannt, ist jedoch viel weniger mit Hokuspokus gleichzusetzen, als so manche denken. Zwar ist sie ein Teilbereich der Wahrsagerei und dient auch dazu die Zukunft in den Fokus zu setzen, jedoch kommt es hier auch stark auf die Art der Karten an. Sind es eher spirituelle Karten oder Karten, die sich auf alltagsnahe Probleme beziehen? Die üblichen Tarotkarten sind heute noch als typische Wahrsagekarten verschrien, mit denen manche Menschen nichts zu tun haben möchten, weil den Karten eine starke Mystik anhaftet. Andere wiederum sind fasziniert und können nicht genug davon bekommen. Die bodenständigeren Lenormand-Karten wiederum erfreuen sich heutzutage wieder einer zunehmenden Beliebtheit, weil diese Karten weniger esoterische Züge besitzen. Sie sind alltagsnah und orientieren sich eher an einfacheren Themen, als es beim Tarot der Fall der ist. Tarot spielt eher auf spiritueller Ebene, während die Lenormand-Karten beratend zur Seite stehen und Lösungsansätze für alltägliche Probleme bieten.

Die therapeutische Wirkung der Lenormand-Karten ist wahrscheinlich der Hauptgrund, weshalb sich viele Menschen für diese Art des Kartenlegens entscheiden. Die Karten beziehen das eigene Unterbewusstsein mit ein und konzentrieren sich auf die Gefühle und Gedanken der fragestellenden Person. Die Auseinandersetzung mit der eigenen Persönlichkeit, den eigenen Wünschen und Zielen sowie mit den vorhandenen Beziehungen, machen Lenormand-Karten so erfolgreich.

In diesem Buch finden Sie deshalb viele nützliche Informationen und Anleitungen, um aus Ihren Lenormand-Karten das Maximum herauszuholen. Da wären zum einen die Bedeutungen der einzelnen Karten sowie die Kombinationsdeutungen und zum anderen die verschiedenen Legemuster und Deutungstechniken. Ganz am Ende behandelt dieses Buch zusätzlich noch die Traumdeutung mithilfe von Lenormand-Karten. Es gibt also viele spannende Themen, die Sie Schritt für Schritt durcharbeiten können. Dazwischen finden Sie viele Beispiele zum besseren Verständnis und hilfreiche Tipps, die Ihnen die Arbeit mit den Karten erleichtern.

Es ist empfehlenswert, wenn Sie nicht sofort mit den Legungen beginnen, sondern sich zunächst mit der Geschichte der Karten und deren Bedeutungen befassen. Dies ist sehr wichtig, damit Sie einen guten Einstieg erhalten und die Karten für Ihre erste persönliche Legung verinnerlichen. Etwas Unsicherheit gehört am Anfang dazu und ist nichts, wovor Sie Angst haben sollten. Die Karten werden Ihnen sicherlich inspirierende Impulse schenken, die Ihr Leben verändern, wenn Sie sich darauf einlassen.

In diesem Sinn: Viel Freude mit diesem Buch. Viel Erfolg beim Ergründen der Karten. Nutzen Sie hierzu die Ratschläge und Anleitungen für Ihre Legungen in diesem Buch. Entdecken Sie die Kunst des Kartenlegens für sich und begeben Sie sich auf eine spannende Reise voller neuer Eindrücke und Erkenntnisse. Die Karten werden Ihnen stets passende und lehrreiche Antworten auf Ihre Fragestellungen liefern!

Grundlagen der Lenormand-Karten

Lenormand-Karten besitzen eine starke Faszination, die bis heute anhält. Mithilfe dieser schmuckvollen Orakelkarten im Biedermeierstil, werden Weissagungen getätigt, die sich auf unterschiedliche Themen des Lebens beziehen. Ratsuchende können sich an den Deutungen orientieren und so Antworten auf wichtige Fragen ihres Lebens erhalten. Dabei gibt es mehrere Legesysteme oder Praktiken, die durchgeführt werden können. Die Karten sind leicht verständlich und einfach in der Handhabung, was zu ihrer weltweiten Beliebtheit beiträgt. Mit den Karten können Potenziale und Chancen erschlossen werden, welche großen Einfluss auf die eigene Lebensführung haben können.

Wenn auch Sie Lenormand-Karten nutzen möchten, um beispielsweise inspirierende Impulse zu erhalten, haben Sie die Möglichkeit unterschiedliche Methoden anzuwenden. Diese werden im weiteren Verlauf dieses Buches noch vertieft. Alles, was Sie für die Durchführung benötigen, ist ein Kartendeck mit Lenormand-Karten, ein ruhiger Moment zur Kartenlegung und etwas Zeit zur Deutung der Symbole und Texte.

Bevor Sie beginnen, streben wir noch eine kleine Reise durch die Vergangenheit an, damit Sie nicht nur die Bedeutung der Karten kennenlernen, sondern auch die Entstehungsgeschichte der berühmten Lenormand-Karten verstehen. Es ist wichtig, dass Sie zu Ihren Karten einen guten Draht aufbauen und diese nicht nur als Spielkarten ansehen. Sie möchten Antworten erhalten, die Sie vielleicht noch nicht in Erwägung gezogen haben und dabei kann Ihnen etwas Hintergrundwissen behilflich sein.

Kleiner Tipp für den Umgang mit diesem Buch:
Machen Sie sich am besten Notizen und legen Sie ein Tagebuch an, indem Sie Ihre Legungen und Ergebnisse dokumentieren. Sie lernen so stetig dazu und verbessern allgemein Ihre spirituellen Fähigkeiten. Anfangs werden Sie die Bedeutungen der Karten noch nachlesen müssen. Irgendwann aber wird es Ihnen leichtfallen, die Symbole und Hinweise der Karten zu entschlüsseln. Persönliche Notizen sind hier sehr hilfreich, weil Sie Ihre tiefsten Gedanken festhalten und zusätzlich weitere Chancen und Lösungen ableiten können. Vielleicht möchten Sie auch jede Karte in Kurzform beschreiben und diese als Gedankenstütze in Ihr Tagebuch übertragen. Oder womöglich möchten Sie Ihr Tagebuch auch hübsch illustrieren oder zusätzliche Informationen hinzufügen. Bei der Gestaltung und Ausführung können Sie sich völlig ausleben.

LENORMAND – INTUITION & VORAUSSAGUNG

Der Ursprung der heutigen Lenormand-Karten geht auf die französische Wahrsagerin Marie-Anne Adélaide Lenormand (1772-1843) zurück, welche gleichzeitig Namensgeber für die bebilderten Orakelkarten wurde. Man muss allerdings dazu sagen, dass die heutigen Lenormand-Karten wie wir sie kennen, nicht identisch mit denen der Madame Lenormand waren. Sie benutzte wahrscheinlich einfache Tarot- oder Spielkarten und fügte später ihre eigene Symbolik hinzu. Diese Symbole waren für ihr Klientel einfacher nachzuvollziehen und brachten ihr zusätzlich eine mystische Aura ein. Die Herkunft der heutigen Lenormand-Karten gehen aber auf das Kartenspiel „Das Spiel der Hoffnung“ von Johann Kaspar Hechtel (1771-1799) zurück. Er entwickelte das Spiel um 1800, welches auch als Wahrsagespiel nutzbar war. Daraufhin wurden in Koblenz die ersten Lenormand-Karten herausgebracht, die an das Spiel der Hoffnung angelehnt waren. Madame Lenormand hatte also nur den Grundstein für die Karten gelegt und diese nicht selbst entworfen. Mit der späteren

Assoziation zu ihrer Persönlichkeit hatte sie allerdings nichts zu tun. Damalige Verleger nutzten die Berühmtheit der Madame Lenormand erfolgreich, um das Orakel-Kartendeck zu vermarkten. Dennoch war Madame Lenormand eine geeignete Inspirationsquelle für zukünftige Wahrsager und Interessierte im Bereich der Divination. Ihr beeindruckendes Leben und ihre außergewöhnliche Persönlichkeit trugen unmissverständlich zu dem Erfolg der Lenormand-Karten bei.

Das Leben der Madame Lenormand

Madame Lenormand erlangte durch ihre Weissagungen einen berühmten Status, wobei auch ihre Beziehungen und Kontakte zu hochrangigen Persönlichkeiten dazu beitrugen, wie beispielsweise Josephine de Beauharnais, die Gemahlin von Napoleon sowie Diplomaten und Staatsoberhäupter verschiedenster Herkunft.

Geboren wurde Madame Lenormand am 27. Mai 1772 in der französischen Stadt Alençon. Sie war die älteste Tochter einer Kaufmannsfamilie und erhielt den Namen ihrer verstorbenen Schwester, die zuvor am 16. September 1768 geboren wurde, aber kurz nach der Geburt verstarb. Ihre Mutter wollte nach altem Aberglauben sicherstellen, dass die Seele der Schwester in Marie-Anne weiterleben konnte.

Schon als Kind befasste sich Marie-Anne mit der Wahrsagerei und soll schon ihren damaligen Mitschülern der Nonnenschule aus der Hand gelesen haben. Weil sie als rebellisch und schwierig galt und die Hellseherei sowieso nicht gern gesehen war, wurde sie von fast jeder Schule verwiesen. So soll sie auch die Absetzung einer Äbtissin vorausgesagt haben, welche dann tatsächlich die Schule verlassen musste. Logischerweise sollte auch Marie-Anne der Schule verwiesen werden, denn man wollte nichts mit derlei „teuflischen“ Praktiken zu tun haben.

Im weiteren Verlauf ihres Lebens, um 1793, gründete sie mit der Wahrsagerin Madame Gilbert einen Salon für Wahrsagerei. Sie beriet ihre Kunden nicht nur anhand von Karten, sondern griff auch auf weitere

Wahrsagemethoden wie Kaffeesatzlesen, Geomantie und auch Astrologie zurück. Sie baute sich einen weitreichenden Kundenstamm auf und konnte sich dadurch ein finanzielles Vermögen aufbauen. Als sie jedoch einflussreichen Männern wie Robespierre, Marat und Saint-Just das tragische Schicksal voraussagte, wurde Madame Lenormand kurzerhand verhaftet. Doch sie musste nicht lange in der Haft verweilen und diese schadete ihrem Ruf überhaupt nicht. Im Gegenteil, die Verhaftung machte Madame Lenormand nur noch interessanter, weil sie, so schien es, jemandem ein Dorn im Auge war und sich ihre Vorhersagungen als richtig erwiesen.

Ab 1797 beriet sie Menschen aus allen Gesellschaftsschichten. Darunter auch die Gemahlin von Napoleon, Josephine de Beauharnais (1763-1814), welche sich von Madame Lenormand in allen Lebenslagen beraten ließ. Es entwickelte sich eine langjährige Freundschaft zwischen den beiden Frauen. 1807 sagte ihr Madame Lenormand die Scheidung voraus, weshalb Napoleon sie verhaften ließ. Auch diese Haft dauerte nicht lange an und ihre Anhänger sorgten dafür, dass sie wieder freikam. Eine weitere Verhaftung folgte 1821 aufgrund von Spionage, wobei sie hier auch auf die Todesstrafe bangen musste. Trotz des Urteiles der Hexerei kam Madame Lenormand wieder frei und zog sich um 1830 vollständig auf ihren Landsitz Poissy bei Paris zurück. Dort nutzte sie ihre hellseherischen Fähigkeiten nur noch für Freunde und Verwandte. Im Alter von 71 Jahren starb Madame Lenormand am 25. Juni 1843 bei einer Operation. Sie hatte sich eine Blaseninfektion zugezogen und musste daraufhin sofort operiert werden. So soll sie sogar über ihr eigenes Ende Bescheid gewusst haben und mied daraufhin jahrelang den Besuch bei Ärzten.

Zwar soll Madame Lenormand ein anstrengendes Wesen besessen haben und auch öfter durch ihre Launen aufgefallen sein, ihre Klienten beriet sie trotz allem mit Leidenschaft und Inbrunst. Sie ließ sich auch durch mehrere Verhaftungen und Rückschläge nicht davon abbringen, ihr Talent auszuleben und konnte bis zu ihrem Tod sehr gut von ihrem Vermögen leben. Sie hatte sich ein kleines Imperium aufgebaut und wurde durch ihre zahlreichen Anhänger stets unterstützt, sodass sie selbst zu einer einflussreichen Person wurde.

Die Zeit nach Madame Lenormand

Es ist bekannt, dass Madame Lenormand die heutigen Lenormand-Karten nie kennengelernt hat und selbst eher auf Kartendecks von Jean-Francois Alliette (1738-1791) auch bekannt unter dem Künstlernamen Etteilla zurückgriff. Das erste Lenormand-Kartendeck mit 54 Karten wurde erst zwei Jahre später nach dem Tod von Madame Lenormand in Umlauf gebracht. Es erschien mit fünf dazu passenden Büchern, welche die Gebiete Chiromantie, Astrologie und weitere Orakelpraktiken behandeln. Die Verfasserin blieb anonym und die Karten zeigten Abbildungen aus der griechischen Mythologie, Astrologie, Kabbala und Geomantie. Ebenso waren Skatkarten abgebildet sowie Blumen und Talismane.

Das Petit Lenormand mit 36 illustrierten Karten erschien 1850 in Deutschland. Hier finden sich die bekannten Symbole wie der Reiter, der Bär, das Schiff oder der Sarg.

Der Name Lenormand wurde demnach als geschickte Marketingstrategie genutzt, weil sich die Kartendecks so besser verkaufen ließen. Sicherlich hätte Madame Lenormand, die zu damaliger Zeit einen ausgeprägten Geschäftssinn besaß, den Wirbel um ihre Person genossen. Mittlerweile gibt es viele verschiedene Versionen des Lenormand-Kartendecks im Handel zu kaufen und es werden sicherlich stets neue Interpretationen folgen. Dass das Lenormand-Kartendeck der heutigen Zeit eine deutsche Erfindung war und nicht in Frankreich entstanden ist, tut der Popularität der Orakelkarten keinen Abbruch. Eben wie es auch bei Madame Lenormand der Fall war, jede Aufmerksamkeit steigert die Berühmtheit.

DIE KARTEN ALS ZENTRALES ELEMENT

Wir beziehen uns in diesem Buch auf das Petit Lenormand, bestehend aus 36 Karten mit jeweils einem Bildmotiv. Jede Karte ist mit Ziffern von 1 bis 36 nummeriert und die Reihenfolge ist festgesetzt. Bei einigen Versionen sind Spielkarten abgebildet, wie beispielsweise Kreuz, Pik, Herz und Karo. Je nachdem welche Version Sie besitzen, können sich zusätzlich noch Verse mit viel Interpretationsspielraum auf den Karten befinden. Diese Verse können sich je nach Hersteller unterscheiden. Es muss also nicht jedes Petit Lenormand miteinander identisch sein. Die Grundbedeutung der Symbole bleibt jedoch gleich. Der Reiter wird zum Beispiel immer für positive Nachrichten stehen. Auch die Bezeichnung der Karten und die Nummerierung sind bei allen Versionen identisch. Eine Ausnahme gibt es bei der Karte Nummer 12. Diese kann in manchen Kartendecks „Eule“ oder „Vögel“ genannt werden. Zur Vereinfachung der Thematik beschränken wir uns in diesem Buch auf die „Eule“, weil diese Form sehr häufig in den Kartendecks zu finden ist.

Da es wie schon gesagt verschiedene Versionen der Kartendecks gibt, erhalten Sie hier einen kurzen Überblick über die vier typischen Arten der Lenormand-Karten. Je nach Hersteller können diese nämlich stark variieren.

Arten der Lenormand-Karten

Folgende Lenormand-Karten sollten Sie kennen:

- Reine Bildmotive – Es wird nur ein Symbol dargestellt (z. B Mystisches Lenormand)
- Bildmotive in Kombination mit Spielkarten – Auf den Karten befindet sich neben dem Bildmotiv eine Spielkarte in den französischen Farben Herz, Karo, Pik und Kreuz (z. B Blaue Eule)
- Bildmotive in Kombination mit Versen – Ein Bildmotiv wird durch einen interpretierenden Vers begleitet (z.B Rote Eule)
- Bildmotive in Kombination mit Spielkarten und Versen – Bildmotive werden mit passenden Versen und zugehörigen Spielkarten ergänzt (z. B Lenormand Cartamundi)

Die gängigsten Versionen sind Kartendecks, bei denen Bildmotive mit Spielkarten kombiniert werden, da sie viel Spielraum zulassen, was die Auslegung angeht. Bildmotive lassen umfassendere Deutungen zu, da sie durch Verse nicht beeinflusst werden. Für Anfänger eignen sich dennoch Kartendecks mit Bildmotiven, Versen und Spielkarten, da sie durch die begleitenden Verse auch ohne Erklärungen recht gut verständlich sind. Die Wahl des richtigen Kartendecks ist äußerst wichtig, für die spätere Deutung, aber auch für das eigene Verständnis. Wenn Sie anfangs unsicher sind, welches Kartendeck für Sie geeignet ist, gehen Sie nach Ihrem Bauchgefühl und wählen das Kartendeck aus, welches Ihnen direkt ins Auge springt. Wenn Sie die Bildmotive nicht mögen, werden Sie nämlich auch nicht gerne auf diese Art Karten zurückgreifen.

Unterteilung der Bildmotive

Die Bildmotive der Lenormand-Karten lassen sich in sechs Kategorien einteilen. Wobei die Signifikator-Karten noch eine extra Kategorie darstellen. Diese speziellen Personenkarten spiegeln jeweils die ausübende Person wider. Die Karte 28 „der Herr“ steht für den Mann und die Karte 29 „die Dame“ für die Frau. Sie bilden den Ausgangspunkt jeder Legung und sind besonders wichtig. Weitere Unterteilungen der Bildmotive sind:

- Personenkarten – 1 Reiter, 13 Kind, 28 Herr, 29 Dame
- Gebäudekarten – 4 Haus, 19 Turm, 21 Berg, 22 Weg
- Tierkarten – 7 Schlange, 12 Eule, 14 Fuchs, 15 Bär, 17 Storch, 18 Hund, 23 Mäuse, 34 Fische
- Pflanzenkarten – 2 Klee, 5 Baum, 9 Blumenstrauß, 20 Garten, 30 Lilien
- Himmelskarten – 6 Wolken, 16 Stern, 31 Sonne, 32 Mond
- Gegenstandskarten – 3 Schiff, 8 Sarg, 10 Sense, 11 Rute, 24 Herz, 25 Ring, 26 Buch, 27 Brief, 33 Schlüssel, 35 Anker, 36 Kreuz

Die Symbole auf den Lenormand-Karten sind leicht verständlich und sollten auch damals schon einen Bezug zum alltäglichen Leben darstellen. Heute gibt es sogar modernisierte Bildmotive, weil sich manche Symbole kaum noch in unserem Alltag finden lassen. Dennoch sind die älteren Bildmotive nicht unbekannt.

Das Segelschiff ist beispielsweise ein typisches Bildmotiv, welches mittlerweile der Vergangenheit angehört und durch eine moderne Version ersetzt werden kann. Wobei die Symbolik trotz veralteter Darstellungen der Bildmotive auch heute noch ihren Zweck erfüllt.

Demnach ist es gar nicht notwendig, alle Bildmotive dem Zeitgeist anzupassen. Da die Bildmotive der klassischen Lenormand-Karten zeitlos und einfach sind, können die Symbole leicht gedeutet werden. Deshalb ist das Lenormand-Orakel nicht nur bei Anfängern beliebt, sondern hilft auch Fortgeschrittenen, die psychologischen Deutungen zu intensivieren.

Die Symbole der Lenormand-Karten besitzen komplexe Deutungsmöglichkeiten, welche auch im alltäglichen Leben bekannt sind. So verbindet man das Herz mit der Liebe und das Herz kann die Komplexität dieses Themas vollständig ausdrücken. Liebe hat nicht nur positive Seiten, sondern kann auch negative Assoziationen hervorrufen. Mit der Symbolik des Herzens beispielsweise gelingt es all diese Aspekte zusammenzuführen, ohne diese in Worte fassen zu müssen. So kann die Bildsymbolik auch in Zusammenhang mit historischen Ereignissen erfolgen. Diese Symbolik kann sich auch im Laufe der Zeit wandeln, sodass manche Bildmotive heute anders verstanden werden als es damals der Fall war. Dennoch haben sich viele Symbole bis heute in ihrer Bedeutung kaum verändert und drücken unmissverständliche Botschaften aus.

Alle Lenormand-Karten im Kurz-Überblick:

1 Reiter Herz Neun	2 Klee Karo Sechs
3 Schiff Pik Zehn	4 Haus Herz König
5 Baum Herz Sieben	6 Wolken Kreuz König

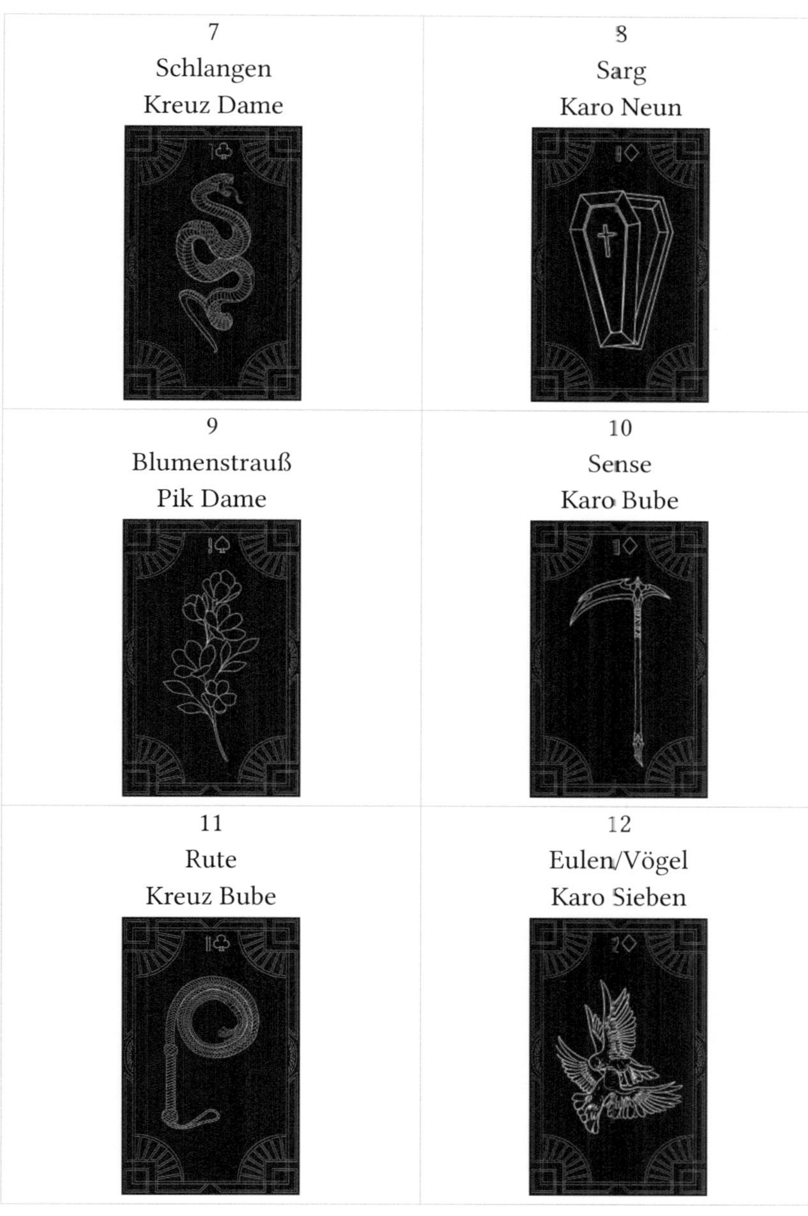

7 Schlangen Kreuz Dame	8 Sarg Karo Neun
9 Blumenstrauß Pik Dame	10 Sense Karo Bube
11 Rute Kreuz Bube	12 Eulen/Vögel Karo Sieben

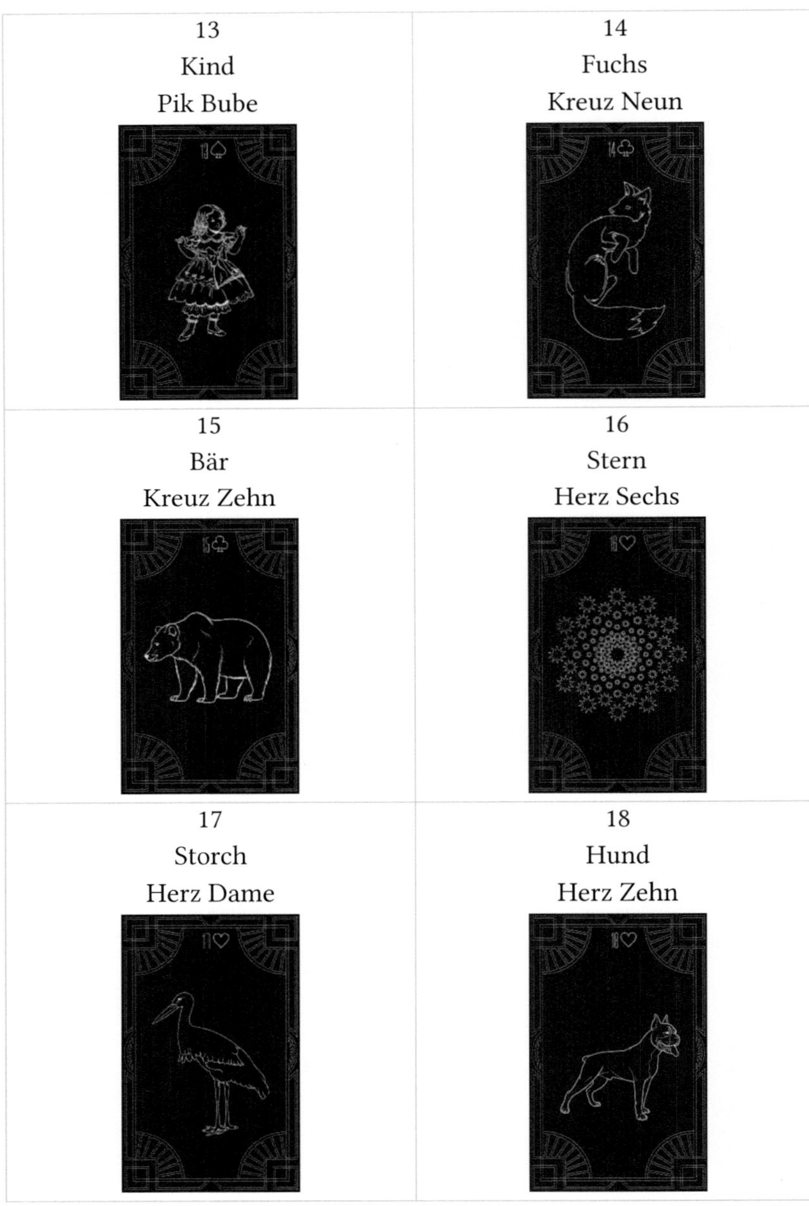
13
Kind
Pik Bube
14
Fuchs
Kreuz Neun
15
Bär
Kreuz Zehn
16
Stern
Herz Sechs
17
Storch
Herz Dame
18
Hund
Herz Zehn

19 Turm Pik Sechs	20 Garten/Park Pik Acht
21 Berg Kreuz Acht	22 Weg Karo Dame
23 Mäuse Kreuz Sieben	24 Herz Herz Bube

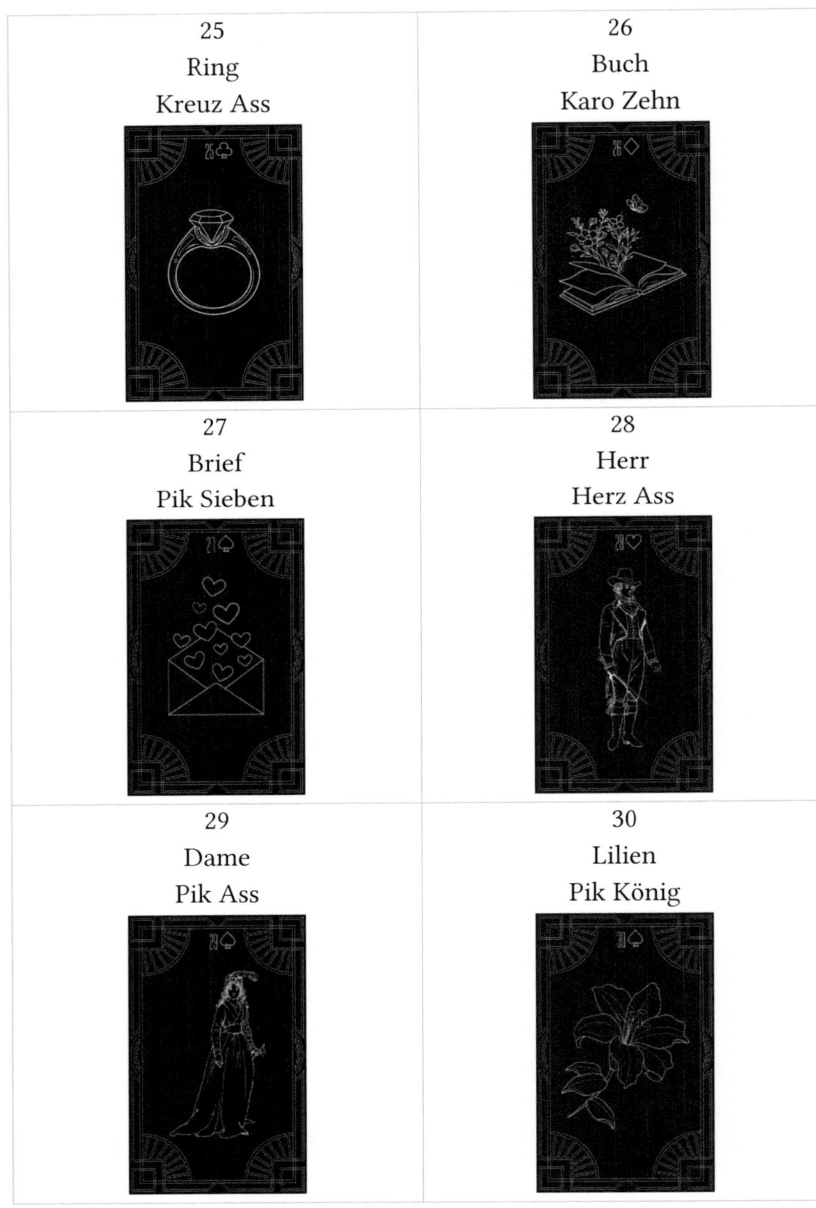

25 Ring Kreuz Ass	26 Buch Karo Zehn
27 Brief Pik Sieben	28 Herr Herz Ass
29 Dame Pik Ass	30 Lilien Pik König

31
Sonne
Karo Ass
32
Mond
Herz Acht
33
Schlüssel
Karo Acht
34
Fische
Karo König
35
Anker
Pik Neun
36
Kreuz
Kreuz Sechs

POTENZIALE DER LENORMAND-KARTEN

Wahrsagekarten versprühen den Reiz des Unbekannten, weil jede Legung neue Inspirationen und Ideen mit sich bringen kann. Schon im Mittelalter nutzten die Menschen Spielkarten, um einen Blick in die Zukunft zu erhaschen oder die Zukunft mittels neuer Impulse zu steuern. Die Auseinandersetzung mit höheren Mächten oder Antworten auf die Lebensfragen zu erhalten, hat die Neugierde der Menschen immer wieder aufs Neue entfacht. Damals dachte man, dass es möglich wäre, mittels Orakel- oder Spielkarten das Zukunftsgeschehen vorauszusagen. Heute wissen wir, dass die Zukunft nicht vorhersehbar, aber durch unsere Gedanken und Entscheidungen lenkbar ist. Orakelkarten, wie beispielsweise Tarot oder Lenormand, dienen dazu, sich mit eigenen Vorstellungen und Wünschen auseinanderzusetzen. Sie sind Impulsgeber, Alltagshelfer oder auch einfach nur ein netter Zeitvertreib, je nachdem welche Stellung die Karten für den Menschen einnehmen.

Möchten Sie nun auch mit Lenormand-Karten arbeiten, sollten Sie die Karten als hilfreiche Ergänzung ansehen, nicht aber als finale Lösung. Damit ist gemeint, dass, wenn Sie beispielsweise eine negative Deutung erhalten, diese keinen starren Regeln unterliegt. Sie haben Ihre Zukunft in der Hand und können negativen Entwicklungen durch entsprechende Handlungen entgegenwirken. Die Karten erregen nur Ihre Aufmerksamkeit und weisen Sie darauf hin, wann Sie aktiv werden sollten.

Beispiel:
Bei Ihrer Legung haben Sie beispielsweise die Kombination Sarg und Ring erhalten. Diese Kombination steht für das Ende einer partnerschaftlichen oder geschäftlichen Beziehung. Je nachdem, welche Karten sich im Umfeld befinden, können Sie die genauere Richtung besser bestimmen.

Gehen Sie davon aus, dass es sich um Ihre Liebesbeziehung handelt, haben Sie jetzt noch keine Gewissheit über die bevorstehende Situation oder deren Verlauf. Sie werden lediglich auf mögliche Spannungen und Hindernisse hingewiesen, auf die Sie in nächster Zeit besonders achten sollten.

Möglicherweise gibt es Vorzeichen, die auf eine Trennung hindeuten können. Demnach haben Sie noch die Chance, Ihr Schicksal in andere Bahnen zu lenken. Denken Sie nicht, dass Sie sich in einer aussichtslosen Situation befinden. So ist es nämlich nicht. Die Karten möchten Sie für ein bestimmtes Thema sensibilisieren und Ihnen oft sogar Anregungen für mögliche Lösungen bereitstellen. Betrachten Sie die Karten deshalb nicht als Unglücksboten, vielmehr sollten Sie die Karten als einen besorgten Freund ansehen, der Ihren Blick auf das Wesentliche lenken will.

Die Kunst des Kartenlegens kann sich dabei positiv auf Ihre eigene Lebensführung auswirken und dafür sorgen, dass Sie sich stärker mit Ihrer Persönlichkeit auseinandersetzen. Achtsamkeit und Selbstreflexion werden durch regelmäßiges Kartenlegen gefördert. Sie erhalten einen viel besseren Zugang zu Ihrem inneren Selbst, wenn Sie sich bewusster mit der Gestaltung Ihrer Zukunft befassen. Lenormand-Karten bieten hierfür die perfekte Grundlage, weil Sie mithilfe der Karten viele Lebensbereiche miteinbeziehen können. Egal, ob Liebe, Freundschaft, Familie, Finanzen oder Gesundheit. Lenormand kann in sämtlichen Gebieten Lösungen und Antworten liefern.

Wichtig ist, dass Sie sich darauf einlassen und innehalten, damit Sie für sich die besten Chancen und Potenziale erschließen können. Oft ist es doch so, dass Sie selbst nicht immer eine Antwort auf Ihre Fragen parat haben und so können Ihnen die Karten einen neuen Weg aufzeigen, der für Sie vorher überhaupt nicht relevant war. Sie können die Karten um Rat fragen und selbst entscheiden, ob sie dem Rat folgen möchten oder eben nicht. Die Lenormand-Karten sind Wegweiser, die Sie beispielsweise in schwierigen Phasen wieder in erfolgreiche Bahnen lenken können, aber auch im Alltag spannende Perspektiven mit sich bringen. Jeder Mensch benötigt im Laufe seines Lebens Denkanstöße oder objektive Entscheidungshilfen. Meistens werden diese neuen Sichtweisen durch das soziale Umfeld ins Leben gerufen, welches dann oft Erwartungen an einen selbst stellt. Lenormand-Karten stellen hier eine unkomplizierte und einfache Möglichkeit dar, neben den sozialen Kontakten, zusätzlich neue Blickwinkel zu erarbeiten. So können Sie neue Facetten des Lebens kennenlernen und für sich ein positiveres Leben gestalten.

Vorteile der Lenormand-Karten:

- Sie erhöhen Ihr Bewusstsein und fördern Ihre persönliche Wahrnehmung.
- Sie begleiten Sie bei täglichen Herausforderungen und geben Lösungsansätze vor.
- Sie können Sie vor Fehlentscheidungen bewahren und Ihnen positive Alternativen aufzeigen.
- Die Bedeutungen sind vielfältig und können immer wieder in einem anderen Kontext stehen, was für Ihre Lebensplanung sehr hilfreich sein kann.
- Lenormand-Karten sind einfach in der Handhabung und durch alltagsnahe Bildmotive leicht verständlich.
- Sie können ein Umdenken bewirken und für mehr Harmonie im Alltag sorgen.
- Sie helfen Ihnen bei Ihrer spirituellen Reise und sensibilisieren Sie für höhere Mächte und Energien.
- Es macht schlichtweg Spaß, die Botschaften hinter den Symbolen zu entschlüsseln und auf das eigene Leben anzuwenden.

Die Lenormand Guidelines

Nicht nur die Bedeutung der Bildmotive, sondern auch die Art, wie Lenormand-Karten gelesen werden, tragen dazu bei, dass Ihnen die Karten dabei helfen Antworten zu finden. Wie Sie Ihre Legungen praktizieren, entscheiden Sie selbst. Das Gleiche gilt für die jeweiligen Deutungen. Erhalten Sie eine negative Deutung und möchten sich lieber nur auf die positiven Aspekte konzentrieren, ist auch das völlig angemessen. Die Karten spiegeln Ihr Unterbewusstsein wider und können Ihnen dabei helfen, wichtige Entscheidungen zu fällen. Ein paar grundlegende Tipps und Hintergrundinformationen zur Handhabung können jedoch nicht schaden und werden Ihnen bei der Kartenlegung sicherlich behilflich sein. Noch dazu fällt Ihnen der Einstieg in die Welt der Orakelkarten um ein Vielfaches leichter, wenn Sie die Unterschiede zwischen Lenormand und Tarot kennenlernen sowie Inspirationen für den Ablauf Ihrer Legungen erhalten. Einfach eine Karte zu ziehen und nach deren Bedeutung zu suchen, wird Ihnen nicht sonderlich viel bringen, wenn Sie nicht dafür bereit sind, sich den Karten zu öffnen. Denn genau darum geht es. Lenormand-Karten können Ihnen einen besseren Zugang zu Ihrem inneren Selbst verschaffen und Sie darin bestärken, notwendige Veränderungen zuzulassen.

UNTERSCHIEDE TAROT UND LENORMAND

Das Lenormand-Orakel ist nicht nur aufgrund seiner Einfachheit und dem direkten Bezug zur Realität ein sehr beliebtes Kartendeck. Anders als beim Tarot, welches sich mehr mit der spirituellen Ebene befasst, kann das Lenormand-Kartendeck auch Antworten auf alltägliche Fragen geben. Es ist daher für jeden Menschen geeignet, egal ob sich jemand mit Esoterik beschäftigt oder nicht. Beim Tarot ist die Deutung wiederum abstrakter, weil hierbei viele Faktoren eine wichtige Rolle spielen. Karten können beispielsweise auf dem Kopf gedeutet werden und erhalten eine völlig neue Bedeutung. So ist es auch möglich, dass sich die Karten gegenseitig beeinflussen und in einem anderen Kontext gelesen werden müssen. Das erschwert hier die Interpretation für Anfänger enorm, weil die Bedeutungen der klassischen Tarotkarten auf psychologischer und esoterischer Ebene abzielen. Sie sind allgemeiner und wollen dazu anregen, sich mit dem spirituellen Ich zu verbinden. Beim Lenormand sind die Bedeutungen mehr auf die Praxis, also das tägliche Leben, ausgelegt. Das führt dazu, dass die Karten im Lenormand klare und deutliche Botschaften überbringen, welche nicht immer von erfreulicher Natur sein können. Im Grunde ist das Lenormand-Orakel wie ein ehrlicher Freund zu betrachten, der ohne Umschweife seine Ratschläge ausspricht und mit nichts hinter dem Berg hält. Ein weiterer Unterschied zum Tarot besteht in der Einteilung und der Anzahl der Karten. Ein Tarot-Deck hat insgesamt 78 Karten. Das Lenormand-Orakel nur 36 Karten. Im Tarot werden die Karten nochmals in Haupt- und Neben-Arcana unterteilt.

Haupt-Arcana sind Karten, die eine einzigartige Bedeutung besitzen. Davon gibt es insgesamt 22 Stück. Die restlichen Karten, also die Neben-Arcana, sind zusätzlich in vier Farben unterteilt. Dazu zählen Münzen, Schwerter, Stäbe und Kelche. Sie werden mit Zahlen und Bildkarten (Bube, Dame, König, Springer) ergänzt.

Die Motive der Tarot-Karten sind meist künstlerisch ausgearbeitet und enthalten zusätzlich eine versteckte Symbolik, welche bei einer Legung eine besondere Rolle einnehmen können. Das Lenormand-Kartendeck ist hier viel einfacher gestrickt und auf den Karten werden unmissverständliche Motive dargestellt, was kaum zu Fehlinterpretationen führt. Sie müssen also nicht nach versteckten Hinweisen suchen und können die Bedeutung der Bildmotive sofort identifizieren. Beim Tarot müssen Sie viele Optionen berücksichtigen und können sich nicht nur auf die ursprüngliche Bedeutung der Karten verlassen. Wenn Sie also mit ehrlichen und praxisnahen Karten arbeiten möchten, wird Ihnen das Lenormand-Kartendeck sehr gute Dienste erweisen.

Grundlegende Unterschiede von Tarot und Lenormand auf einen Blick

Lenormand	Tarot
Kartendeck mit 36 Karten	Kartendeck mit 76 Karten
Die Karten werden in manchen Decks in Skatfarben eingeteilt (Herz, Pik, Kreuz, Karo).	Die Karten werden in vier Farben unterteilt (Kelche, Schwerter, Stäbe, Münzen).
Die Symbolik der Karten ist einfach gehalten. Ist eine Schlange darauf zu sehen, handelt es sich auch um die Schlange. Das Design der Karten beeinflusst nicht die Bedeutung.	Die Symbolik ist versteckter und wird unterschiedlich gedeutet. Befindet sich bei der Karte Sonne eine unterschwellige Symbolik durch Hintergrundbilder, werden diese Bilder mit in die Deutung einbezogen. Oftmals besitzen die Karten eine Fülle an Symbolen, sodass die Bedeutung nicht sofort erkennbar ist.
Die 36 Karten werden als zusammenhängendes Kartendeck gesehen.	Die Karten werden in 22 Haupt-Arcana und 56 Neben-Arcana eingeteilt.
Im Lenormand kommt es eher auf Karten-Kombinationen an. Zwar besitzen die Karten auch eine Grundbedeutung, aber letztendlich stehen die Karten bei der	Die Karten besitzen jede für sich eine geschlossene Bedeutung. Das heißt, die Karten können separat gedeutet werden und

Legung immer in Beziehung zueinander.	müssen nicht zwangsweise in Beziehung zu anderen Karten stehen.
Es gibt keine umgekehrte Deutung der Karten. Wenn die Karten auf dem Kopf gezogen werden, bleibt die Bedeutung gleich.	Karten können umgekehrt gedeutet werden, wenn diese auf dem Kopf stehend gezogen werden. Die Bedeutung verändert sich meist ins Negative.
Lenormand-Karten beschäftigen sich mit alltäglichen Themen, können aber dennoch spirituelle Themen miteinbeziehen.	Tarot-Karten sprechen spirituelle Themen an und beziehen sich stark auf das Unterbewusstsein und auf höhere Mächte.
Lenormand ist bodenständiger und beschäftigt sich mit der gelebten Realität. Das macht diese Karten praktikabler im Alltag, da sie ehrlich und unverblümt eine Antwort aufzeigen.	Die Kunst des Tarots ist mystischer, weil sie sich auf eine spirituelle Reise begibt. Das Ziel ist die Entschlüsselung von Geheimnissen und das Erreichen höherer Ebenen.
Lenormand behandelt alltagsnahe Themen und berät zu bevorstehenden Ereignissen.	Tarot beschäftigt sich intensiv mit dem Seelenleben der fragestellenden Person.
Man erhält hier präzise Deutungen zu bestimmten Themen.	Hier geht es um Intuition und Interpretation der Symbolik.
Typische Legesysteme sind 9-er Legung, das Kreuz oder die große Tafel mit allen 36 Karten.	Typische Legesysteme sind das Entscheidungsspiel, der Weg, das Liebesorakel und Keltisches Kreuz.
Lenormand-Karten erzählen eine Geschichte, die bei der Legung zusammengefasst wird. Die Karten beeinflussen einander und können so andere Deutungsansätze bilden.	Tarot-Karten stehen einzeln für sich und hinter der Symbolik einer einzelnen Karte lassen sich zahlreiche Bedeutungen erschließen.
Manche Kartendecks sind zusätzlich mit inspirierenden Texten versehen, die zu einem besseren Verständnis der Symbolik beitragen.	Die Kartendecks sind künstlerisch ausgearbeitet und stützen sich stark auf die visuelle Wahrnehmung.

WIE DIE KARTEN GELESEN WERDEN

Bevor Sie verschiedene Legetechniken ausüben, ist es wichtig, dass Sie sich mit Ihren Karten vertraut machen. Dazu zählt, wie Sie vorgehen und vor allem welche Karten Sie nutzen möchten. Vielleicht möchten Sie zuallererst auch die Bedeutungen der Karten nachlesen oder sich über die darauf befindlichen Verse informieren. Je mehr Sie sich mit Ihren Karten auseinandersetzen, desto leichter wird es Ihnen fallen, mit ihnen zu arbeiten. Sie können anfangs auch jeden Tag eine Karte ziehen und deren Bedeutung studieren. Dies ist von Vorteil, wenn Sie sich mit den klassischen Legesystemen befassen, weil Sie die Symbolik der Karten bereits verinnerlichen konnten.

Vorbereitung

Kaufen Sie sich ein schönes Lenormand-Kartendeck, welches Sie optisch besonders anspricht und nutzen Sie nicht irgendeines. Achten Sie darauf, welche Version der Lenormand-Karten für Sie infrage kommt. Sind Sie eher ein visueller Typ und lieben Bildmotive, dann benötigen Sie ein Kartendeck mit aussagekräftigen Motiven. Sind Ihnen tiefgründige Texte lieber, greifen Sie eher auf ein Kartendeck mit Versen zurück. Lassen Sie sich bei der Wahl der passenden Karten von Ihrer Intuition leiten. Es ist auch nicht nötig, ein Kartendeck im Handel zu kaufen. Wenn Sie zeichnerisch begabt sind, können Sie auch Ihr ganz persönliches Lenormand-Kartendeck gestalten.

Es wird empfohlen vor der ersten Legung das gesamte Kartendeck offenzulegen und sich die Karten genauer anzusehen. Vielleicht haben Sie instinktiv schon eine oder mehrere Lieblingskarten ausgewählt. Richten Sie Ihren Fokus dabei unbedingt auf die Bildmotive und nicht auf den Titel der Karten. Versuchen Sie sich in jede Karte hineinzuversetzen und lassen Sie Ihrer Fantasie dabei freien Lauf. Wenn Sie beispielsweise den Turm betrachten, stellen Sie sich vor, wie Sie in diesem Turm stehen und die Landschaft betrachten. Spüren Sie den Hauch des Windes im Gesicht oder hören Sie das Krächzen der Vögel, die um diesen Turm herumfliegen. Wenn Sie möchten, können Sie so mit jeder Karte verfahren und gleichzeitig noch etwas über Sie selbst erfahren. Das, was sich in Ihren Gedanken abspielt, könnte sogar jetzt schon Sehnsüchte und Wünsche offenbaren. Zusätzlich können auch die folgenden Fragen für Sie interessant sein:

- Welche Motive sprechen Sie besonders an und warum?
- Was verbinden Sie mit den dargestellten Motiven?
- Was fällt Ihnen spontan zu Ihren Lieblingsmotiven ein?
- Welche Gefühle verspüren Sie beim Betrachten der Karten?
- Gibt es Bildmotive, die Ihnen gar nicht zusagen und warum?

Bevor Sie mit Ihrer ersten Legung beginnen, empfiehlt es sich auch eine kleine Meditation auszuüben, damit Sie Stress abbauen können und Sie währenddessen keine Unruhe verspüren. Die Botschaften der Karten dringen viel besser in Ihr Bewusstsein ein, wenn sich Ihr Geist in einem entspannten Zustand befindet. Sie sind dadurch viel aufnahmefähiger und noch dazu konzentrierter.

Meditationsübung:
Setzen Sie sich auf einen Sessel oder auf ein Sitzkissen. Schließen Sie die Augen und atmen Sie mehrmals tief ein und aus. Ihr Körper sollte möglichst aufrecht, aber nicht verkrampft sein. Wenn möglich, können Sie sich auch an eine Wand anlehnen. Dabei achten Sie darauf, dass Ihr Rücken gerade ist und sich Ihre Arme und Beine in einer bequemen Position befinden. Es muss nicht immer der Lotus- oder Schneidersitz sein. Richten Sie Ihre Aufmerksamkeit nur auf Ihre Atmung und versuchen Sie Ihre Gedanken fließen zu lassen. Dabei kommt es nicht darauf an, dass Sie an nichts denken, sondern viel mehr, dass Sie lernen Ihre Gedanken schweifen zu lassen. Sobald Sie sich ausgeruht und bereit fühlen, können Sie mit Ihrer ersten Kartenlegung beginnen. Nutzen Sie die Meditation als Anfangsritual, um sich auf die Arbeit mit Ihren Lenormand-Karten einzustimmen.

Ablauf

Nehmen Sie alle Karten zur Hand und mischen Sie diese kräftig durch. Während dem Mischen können Sie sich auch ein persönliches Ritual überlegen. Beispielsweise können Sie ein Lied anstimmen oder eine bestimmte Affirmation sprechen. Wenn Sie sehr spirituell sind, können Sie auch in Gedanken mit höheren Mächten kommunizieren und diese um Rat bitten. Formulieren Sie noch während Sie mischen eine konkrete Frage und sprechen diese laut aus. Ihre Frage kann sich dabei auf jegliche Alltagssituationen beziehen. Hierbei gibt es keine Einschränkungen. Jede Frage, egal wie banal diese auch erscheint, ist möglich.

Entscheiden Sie sich für eine bestimmte Legetechnik und fächern Sie nun die Karten vor sich auf. Wählen Sie die benötigte Anzahl an Karten aus und legen diese noch verdeckt in das gewünschte Legemuster. Die Legemuster werden im Verlaufe des Buches noch ausführlich behandelt. Bei der Auswahl der Karten gibt es keine Vorgaben. Sie müssen diese nicht aus einer bestimmten Position heraus auswählen oder darauf achten, ob diese richtig herum liegen.

Einzig und allein Ihr Gefühl entscheidet darüber, welche Karten ausgewählt und an welche Stelle des Legemusters diese platziert werden. Es ist auch möglich, dass Sie sich Karte für Karte herantasten und nicht sofort alle Karten auf einmal auswählen. Praktizieren Sie die Kartenlegung, wie es für Sie am sinnigsten erscheint und wie Sie die Deutung am besten handhaben können.

Drehen Sie die Karten nacheinander um und betrachten Sie diese intensiv. Welche Gedanken kommen Ihnen dazu in den Sinn und welche Gefühle verbinden Sie mit dem Bildmotiv? Lesen Sie dann die Bedeutung der Karte nach. Je nach Legemuster kann es etwas dauern, bis Sie die Botschaft des Orakels entschlüsseln. Manchmal gelingt dies nicht auf Anhieb. Gerade bei Legemustern mit mehreren Karten kann die Entschlüsselung der Antwort komplizierter werden, weil Sie die Karten als Gesamtbild betrachten müssen. Auch die Interpretation der einzelnen Karten in Bezug auf deren Nachbarkarten kann zeitaufwändiger werden. Wenn Sie sich mit der Deutung unsicher sind, sollten Sie eine kleine

Pause einlegen und nochmals eine Meditation anwenden. So können Sie erneut in sich gehen und die Bedeutung der Karten auf sich wirken lassen. Die Botschaft werden Sie danach besser verstehen, weil Sie die Meditation Ihre Gedanken reinigt und Sie klarer sehen lässt.

Haben Sie erfolgreich eine Botschaft für sich herausfinden können, sagen Sie diese Botschaft laut auf und bedanken Sie sich bei dem Orakel für seine Hilfe. Vielleicht möchten Sie auch hier wieder ein persönliches Ritual entwickeln, dass Ihnen zu einem schönen Abschluss verhilft. Sie können beispielsweise ein Lied anstimmen, die erhaltene Botschaft auf einen Zettel schreiben oder sich mit einer Meditation entspannen.

Tipp während der Legung:
Notieren Sie alle Botschaften während der Legung, damit Sie nicht den Überblick verlieren. Sehr hilfreich ist es, wenn Sie sich nicht nur nach der Legung Notizen machen, sondern auch währenddessen. Schreiben Sie Ihre Gedanken und Gefühle während des gesamten Prozesses auf. Diese Notizen können Ihnen zusätzlich wertvolle Erkenntnisse liefern und Sie bei der Interpretation der Karten unterstützen.

Die Karten & ihre Bedeutung

Jede der 36 Lenormand-Karten besitzt ein ausdrucksstarkes Bildmotiv, welches eine besondere Botschaft vermittelt. Zwar können sich die Motive mit der Zeit leicht gewandelt haben, aber die Grundbedeutung bleibt immer gleich. Um mit Lenormand-Karten zu arbeiten, müssen Sie sich zunächst mit den einzelnen Bedeutungen der Symbole vertraut machen. Diese Bildmotive bilden die Basis für eine erfolgreiche Deutung. Nehmen Sie sich daher jede einzelne Karte vor und studieren Sie diese intensiv. Zum einen, damit Sie die Bedeutungen nicht ständig nachschlagen müssen und zum anderen, damit Sie lernen sich in die Karten hineinzufühlen. Auf tiefergehende Interpretationen können Sie sich dann anschließend konzentrieren. Beachten Sie, dass sich die Bedeutung der Lenormand-Karten verändern kann, wenn diese mit anderen Karten kombiniert werden. Die Kombinationsdeutungen finden Sie daher im Anschluss. Zunächst beschäftigen wir uns aber mit den grundlegenden Botschaften, um Ihnen für den Umgang mit den Lenormand-Karten ein gutes Fundament aufzubauen.

DIE KARTEN & IHRE EIGENSCHAFTEN

Im Folgenden sind hier die Bedeutungen der 36 Lenormand-Karten aufgeführt. Dabei gehen wir hier ausschließlich auf das Bildmotiv ein. Sollten Sie ein Kartendeck mit Versen besitzen, können die Verse je nach Hersteller unterschiedlich formuliert sein. Es sind dann auch andere Interpretationen möglich. Vom Grundsatz her verändert sich die allgemeine Bedeutung der Karten dadurch nicht. Zu jeder Karte erhalten Sie zusätzlich ein paar kleine Anregungen in Form von Fragen oder Aufgaben, die Ihnen bei der Legung weiterhelfen können. Empfehlenswert ist es, wenn Sie sich zu jeder Karte eigene Notizen anfertigen. Das können bestimmte Fragen oder auch Gedanken sein, die Ihnen dazu in den Sinn kommen.

Reiter

Der Reiter wirkt edel und stolz. Er thront hoch oben auf seinem Pferd und reitet zu seinem Ziel. Das Pferd war im 19. Jahrhundert ein typisches Fortbewegungsmittel, um Post und Eilzustellungen zu überbringen. Der Reiter ist selbst bei schlechtem Wetter unterwegs in der Natur und lässt sich von nichts und niemanden beeindrucken. Die Karte der Reiter kann nicht nur als Personenkarte gedeutet werden, sondern auch als Sachkarte stehen.

Bedeutung:

Der Reiter ist ein Symbol für das Überbringen von guten Nachrichten. Sie werden schon bald bedeutungsvolle Informationen erhalten, die Ihr Leben in eine andere Richtung lenken können. So kann es sein, dass sich ein langersehnter Wunsch erfüllt oder Sie Ihre Träume verwirklichen können. Sie werden Erfolg haben und das Glück wird auf Ihrer Seite sein.

Beziehungen:

Es kann sein, dass jemand neues in Ihr Leben tritt oder Sie einer alten Liebe wiederbegegnen. Außerdem können sich Ihre Beziehungen überraschend ändern oder eine neue Stufe erreichen. Der Reiter steht immer für Bewegung und Veränderung. Er weist auch darauf hin, dass Sie sich in der Liebe fallen lassen und sich auf all die spannenden Erfahrungen einlassen sollten.

Botschaft:

Machen Sie sich bereit für neue Erfahrungen. Werden Sie aktiv und nehmen Sie die Zügel in die Hand. So können Sie selbst bestimmen und die Richtung vorgeben. Sie steuern Ihr Glück und sind die treibende Kraft.

Aufgabe:

Welche Verbindung habe ich zu dem Reiter?
Sehe ich mich im Leben als Reiter oder eher als Pferd?
Welche Ziele verfolge ich gerade und wo möchte ich hin?
Muss ich eine Nachricht überbringen oder sogar empfangen?

Achten Sie auf Ihre Kommunikation und seien Sie aufmerksam, wenn jemand mit Ihnen wichtige Informationen teilen möchte!

Klee

Bestimmt haben Sie als Kind auch stundenlang nach einem vierblättrigen Kleeblatt gesucht. Da der Klee hauptsächlich aus drei Blättern besteht, ist der Fund eines vierblättrigen Kleeblattes auch heute noch ein wahrer Glücksgriff. Das mag erklären, warum der Klee schon immer als Glückssymbol betrachtet wurde. Die Karte des Klees ist hauptsächlich positiv zu deuten.

Bedeutung:

Der Klee steht für großes Glück, dass in naher Zukunft auf Sie wartet. So kann es sein, dass sich Ihre Wünsche erfüllen oder Sie einen Geldsegen erwarten. Das vierblättrige Kleeblatt zählt allgemein als Glückssymbol. Es ist etwas ganz Besonderes, weil es in der Natur sehr selten vorkommt. Das dreiblättrige Kleeblatt wird mit Normalität und Alltag in Verbindung gebracht. Die Blätter repräsentieren Liebe, Wohlstand, Glück und Gesundheit. Außerdem fördert der Klee Fruchtbarkeit und Wachstum sowie das Erreichen eines vollständigen Zustands.

Beziehungen:

Sie müssen sich für Ihre Beziehungen mehr anstrengen und diese besonders pflegen. In Liebesdingen sollten Sie aufmerksamer sein. Auf Freundschaften und Liebesbeziehungen sollten Sie besonders in schwierigen Zeiten sehr gut Acht geben, denn wenn Sie das nicht tun, kann Ihr Glück ganz schnell vorbei sein.

Botschaft:

Finden Sie Ihr persönliches Glück, indem Sie die Augen offenhalten. Werden Sie sich bewusst, welche Glücksmomente Sie in Ihrem Leben schon erleben durften. Das Glück ist auf Ihrer Seite. Sie müssen nur lernen, es wahrzunehmen.

Aufgabe:

Fühle ich mich glücklich?
Wer oder was macht mich glücklich?
Wie definiere ich mein persönliches Glück?
Was kann ich tun, um glücklich zu werden?
Mit welchem Glück bin ich bereits gesegnet?

Überlegen Sie doch einmal, wie Sie andere Menschen glücklich machen können!

Schiff

Das Schiff trotzt dem starken Wellengang und selbst, wenn die Reise beschwerlich wird, gelangt es dennoch an sein Ziel. Ein Schiff steht symbolisch für Reisen oder auch die Entdeckung neuer Welten. Es ist Transportmittel und Hoffnungsträger zugleich. Das Schiff steht für Freiheit, Mut und Aufbruch. Schiffe haben es erst möglich gemacht, dass der Mensch die Welt überhaupt erforschen konnte. Eine Schifffahrt war und ist auch heute noch spannend, weil man nie genau vorhersehen kann, wie die Reise verläuft. Das Meer ist unberechenbar und kann für starke Turbulenzen sorgen, welche das Schiff ohne Schaden bewältigen muss.

Bedeutung:

Ihnen steht eine Reise bevor. Das kann ein Umzug sein, ein neuer Arbeitsplatz oder auch eine persönliche Weiterentwicklung. Vielleicht haben Sie auch ein großzügiges Angebot erhalten und es kommt zu einem erfolgreichen Abschluss. Ein Übergang in eine neue Phase steht bevor und wird Ihr Leben von Grund auf verändern. Ihre Gefühlswelt kann durcheinanderwirbeln und Sie müssen sich auf Ihr Ziel fokussieren, damit Sie kein Schiffsbruch erleiden. Das Schiff kann aber auch mitunter Flucht bedeuten, besonders wenn es um Ängste und herausfordernde Lebenssituationen geht. Diesen Ängsten sollten Sie sich unbedingt stellen und die Reise nicht herauszögern.

Beziehungen:

Sie müssen Ihre Beziehungen und sozialen Kontakte genau beobachten. Drohen manche Freundschaften zu kentern oder gibt es in Ihrer Liebesbeziehung starke Wellen, die für Komplikationen sorgen. Es ist entscheidend, dass Sie jetzt das Ruder an sich reißen und für klare Verhältnisse sorgen. Sollten Ihre Beziehungen dem nicht standhalten, ist es ratsam darüber nachzudenken, ob Sie manche Kontakte nicht lieber über Bord werfen möchten.

Botschaft:

Ein Neuanfang oder eine Reise steht bevor. Meistens ist dieser Umstand mit Stress und Aufwand verbunden, doch es lohnt sich, die Reise anzutreten. Machen Sie sich bereit für neue Erfahrungen und vielleicht sogar einer Umstrukturierung Ihrer bisherigen Lebensumstände. Haben Sie keine Angst vor Veränderungen, denn diese bringen Sie im Leben weiter.

Aufgabe:

Wie kann ich mein Schiff steuern?

Welche Reise steht mir unmittelbar bevor?

Habe ich mein Ziel vor Augen und was kann ich dafür tun?

Wie kann ich mein Leben in die richtige Richtung steuern?

Schreiben Sie Ihre Gefühle auf und bleiben Sie so auf Kurs, wenn die Reise zu turbulent wird.

Haus

In einem Haus möchte man sich geschützt und gut aufgehoben fühlen. Es stellt einen Ort dar, an dem wir Menschen uns vor der Welt zurückziehen und erholen können. Außerdem möchte man sich vor äußeren Einflüssen abschotten und sich eine sichere Festung schaffen. Das Haus dient als Zuflucht, die vor negativen Energien schützt und die eigene Energie wiederauflädt.

Bedeutung:

Als Rückzugsort steht das Haus für Sicherheit und Geborgenheit. Es bedeutet auch, dass Sie Wohlstand erreichen und Sie sich in der Zukunft keine Sorgen machen brauchen. Neben dem häuslichen Aspekt bezieht sich das Haus auch auf die eigene Persönlichkeit. Es stellt den Mittelpunkt Ihres Lebens dar, also Sie selbst und verweist auf den Istzustand Ihres Körpers. Das Haus steht zudem für Tradition und Zusammenhalt.

Beziehungen:

Nur wer sich selbst Liebe entgegenbringt, kann Liebe ausstrahlen. Wenn Sie also Ihre Beziehungen und Kontakte pflegen möchten, beginnen Sie zunächst bei sich selbst. Gehen Sie sorgsam mit Ihrem Körper um und fördern Sie Ihre Selbstliebe, indem Sie Dinge tun, die Sie glücklich machen. Betreiben Sie Selbstfürsorge und stellen Sie Ihre Bedürfnisse in den Vordergrund. Schaffen Sie sich kleine Wohlfühlmomente und schalten Sie nach einem stressigen Tag ab. Wenn Sie einen Tag auf der Couch verbringen möchten, dann gehen Sie diesem Bedürfnis unbedingt nach. Sie werden sehen, dass Sie viel zufriedener sind, wenn Sie nicht nur Ihren Pflichten, sondern auch Ihren Wünschen nachgehen.

Botschaft:

Es wird Zeit, dass Sie sich gut um Ihren Körper und Ihre Seele kümmern. Nehmen Sie sich eine Auszeit vom Alltagsstress und konzentrieren Sie sich ausschließlich auf Ihr Wohlbefinden. Finden Sie Ihre Mitte und bringen Sie Ihren Körper in Einklang mit sich selbst. Sie können Ihren inneren Frieden nur finden, wenn Sie achtsam mit sich selbst umgehen und Ihre Bedürfnisse nicht ignorieren.

Aufgabe:
Was gibt mir Sicherheit?
Fühle ich mich derzeit in meinem Heim oder in meiner Haut wohl?
Wie kann ich mich selbst unterstützen? Was tut mir gut?
Was verbinde ich mit Heimat?

Was gefällt Ihnen an Ihrem Leben und was nicht?
Gönnen Sie sich mehr Zeit für sich selbst und nehmen Sie sich einen Tag lang frei.

Baum

Nichts repräsentiert die Natur besser als ein Baum. Der Baum wurde schon seit Urzeiten als heiliges Symbol des Lebens angesehen. Er steht für Lebenskraft für geistiges sowie körperliches Wachstum. Zudem ist er ein Sinnbild für den Kreislauf des Lebens, wenn man beispielsweise auf die Jahreszeiten verweist. In jeder Jahreszeit verändert sich der Baum und passt sich den äußeren Gegebenheiten an. So spiegeln die jahreszeitlichen Veränderungen die Geburt, das Leben, den Tod und die Wiederauferstehung wider. Neben dem Lebenskreislauf wird der Baum auch als Glückssymbol verstanden. Beständigkeit und Fruchtbarkeit werden ebenfalls mit ihm in Verbindung gebracht.

Bedeutung:

Egal, welche Schwierigkeiten vor Ihnen liegen, Sie werden mit Glück gesegnet sein. Ihre Situation wird sich verbessern und auch Ihre Gesundheit bekommt einen positiven Schub. Sie werden kraftvoller werden und in allen Lebenslagen motivierter sein. Ebenso kann sich ein langersehnter Wunsch erfüllen und Ihre harte Arbeit zahlt sich aus. Für Erfolg benötigen Sie eine solide Grundlage, die Sie sich schon im Vorfeld geschaffen haben. Bleiben Sie am Ball, wenn Sie eine Niederlage erleiden mussten. Sie werden schon bald für Ihre Beständigkeit und Ihren Fleiß belohnt.

Beziehungen:

Stellen Sie sich vor, Sie pflanzen einen Samen. Damit dieser Samen später zu einem kräftigen Baum heranwächst, benötigt dieser Samen ausgiebige Pflege und Zeit. Wird der Samen geduldig und liebevoll aufgezogen, besitzt der daraus wachsende Baum einen festen Stamm, den nichts und niemand entwurzeln kann. Der Baum hält jedem Unwetter stand und wächst weiter in die Höhe. So sollten Sie auch bei Ihren Beziehungen oder Freundschaften vorgehen. Geben Sie sich und Ihrer Beziehung Zeit, damit Ihre Beziehung zu einem starken Baum heranwachsen kann. Setzen Sie auf gemeinsame Freiheiten, Respekt und Zuverlässigkeit. Mit diesen Kompetenzen werden Sie ein inniges Verhältnis aufbauen können, das allen Schwierigkeiten gewachsen ist.

Botschaft:

Der Stress im Alltag schadet Ihrer Gesundheit. Sie sollten sich Auszeiten gönnen und nicht übertreiben. Rufen Sie sich die Dinge ins Gedächtnis, die Ihnen guttun und vermeiden Sie, über die Strenge zu schlagen. Fördern Sie nicht nur Ihre körperliche Gesundheit, sondern nehmen Sie sich auch Zeit für Ihre mentale Gesundheit. Ein gesunder Geist steht mit einem festen Wurzelwerk im Leben und lässt sich durch nichts aus der Fassung bringen.

Aufgabe:
Welchen Bezug habe ich zur Natur?
Welche Gefühle verbinde ich mit einem Baum?
Wie steht es um mein seelisches und körperliches Wohlbefinden?
Wie kann ich wachsen und mich weiterentwickeln?

Versuchen Sie sich einen Tag lang in Geduld zu üben und blenden Sie Stresssituationen aus.

Wolken

Das Wetter wandelt sich stetig. Die Wolken am Himmel verraten meist, in welche Richtung sich das Wetter entwickeln wird. Vergleichbar mit dem Leben, bei dem sich manche Ereignisse, wie ein Streit, vorhersehen lassen, wenn man die Vorzeichen beachtet. Wolken sind sogenannte Vorboten, welche Veränderungen ankündigen können. Die Umgebungskarten beeinflussen hier das Geschehen in positivem oder negativem Maße.

Bedeutung:

Dunkle Wolken sind ein Zeichen für Schwierigkeiten und negative Ereignisse. Weiße Wolken dagegen stehen für eine fröhliche und heitere Zeit. Wenn Wolken aufziehen, kündigt sich meist ein Wetterumschwung an. Der strahlende Sonnenschein wird langsam von dunklen Wolken verdeckt und im Himmel braut sich etwas zusammen. Das bedeutet, Sie müssen sich darauf gefasst machen, dass es in Ihrem Leben zu Komplikationen kommen kann. Ihr innerer Frieden wird durch Unannehmlichkeiten gestört und Sie müssen versuchen, diese Hürden zu meistern. Wenn Probleme auftauchen, dürfen Sie keinesfalls aus allen Wolken fallen. Überlegen Sie sich lieber, wie Sie Ihre Probleme lösen können. Die düsteren Wolken werden sich dann nach einiger Zeit verziehen und lassen die Sonne wieder durchscheinen.

Beziehungen:

In jeder Beziehung gibt es mal Streit. Wenn es bei Ihnen zurzeit nicht rund läuft, kann eine Aussprache Wunder wirken. Sprechen Sie über Ihre Gefühle und nehmen Sie konstruktive Kritik an, anstatt sich darüber aufzuregen. Akzeptieren Sie, dass es im Kontakt mit anderen Menschen immer zu Meinungsverschiedenheiten kommen wird. Diese Unterschiede machen Beziehungen aber erst spannend und können sogar für neue Erkenntnisse sorgen.

Botschaft:

Es kündigt sich ein Gewitter an, welches Sie durchstehen müssen. Das kann ein Streit, eine Herausforderung oder ein plötzlicher Schicksalsschlag sein. Lange vorher können Sie die aufziehenden Wolken schon erkennen. Das kann Ihnen dabei helfen, entsprechende Maßnahmen zu ergreifen, um das Unwetter unbeschadet zu überstehen. Bereiten Sie sich vor und glauben Sie fest daran, dass Sie alles schaffen können. Sie werden wachsen und gestärkt aus jeder Krise hervorgehen.

Aufgabe:

Welche Gefühle verbinde ich mit der Karte Wolken?
Was kann ich tun, wenn in meinem Leben Wolken aufziehen?
Habe ich klare Sicht in Bezug auf meine Wünsche, Vorstellungen und Ideen?
Wie kann ich mich klar und deutlich verhalten?
Gibt es Situationen in meinem Leben, die ich nicht verstehe?

Trainieren Sie Ihre Wahrnehmung, indem Sie jeden Tag für bewusste Momente sorgen. Halten Sie kurz inne und analysieren Sie die Situation, die vor Ihnen liegt.

Schlange

Eine Schlange wirkt bedrohlich und heimtückisch, weil man nie genau weiß, wie die Schlange reagieren wird. Versprüht sie sofort ihr Gift oder setzt sie ein Täuschungsmanöver ein, um dann zuzuschlagen? Die Schlange symbolisiert Verrat, Sünde, Verlust sowie Unglück und Fehlentscheidungen. Doch die Schlange hat nicht nur negative Aspekte. Sie steht auch für Weisheit, Wandlung, Heilung, Raffinesse und Unsterblichkeit. Wenn Sie Ihre Haut abstreift, heilt sie sich selbst und lässt ihre alte

Hülle zurück. Somit befindet sie sich im stetigen Wandel und zeigt auf, dass es immer einen Neuanfang geben kann, wenn man sich auf Veränderungen einlässt. Die Schlange wird nicht zwingend als negativ aufgefasst. Hauptsächlich erhielt die Schlange ihren negativen Ruf durch die Bibel. Sie war es schließlich, die Adam und Eva dazu überredete, von den verbotenen Früchten zu kosten. Auch wurde die Schlange von verschiedensten Kulturen, beispielsweise von den alten Ägyptern, als Gott verehrt. Sie steht zudem für Weiblichkeit und Heilkunst.

Bedeutung:

Sie müssen vorsichtig sein und dürfen nicht jedem Menschen leichtsinnig vertrauen. Es kann passieren, dass Ihnen jemand Schaden zufügen möchte, sich aber geschickt hinter einer Fassade versteckt. Hüten Sie sich vor intriganten und manipulativen Menschen. Wenn Sie bereits von jemanden betrogen wurden, ist es nun an der Zeit einen Schlussstrich zu ziehen. Werfen Sie, wie die Schlange, Ihr altes Ich ab und blicken Sie nicht zurück. Trennen Sie sich von toxischen Menschen und bleiben Sie in der Zukunft wachsam, damit Ihnen das Gleiche nicht noch einmal widerfährt. Die Schlange kann auch bedeuten, dass Sie in Zeiten von Chaos und Stress nicht den Überblick verlieren dürfen. Sonst kann es schnell zu einem unbedachten Moment kommen und Sie begehen einen folgenschweren Fehler.

Beziehungen:

Die Schlange kann darauf hinweisen, dass Sie momentan zu Eifersucht und Misstrauen neigen. Mit Ihrem Verhalten treiben Sie Ihren Partner jedoch nur weiter von sich weg. Übermäßige Eifersucht kann eine Beziehung vergiften und sorgt dafür, dass Sie sich von Ihrem Partner entfernen. Versuchen Sie deshalb Ihre Sorgen abzustreifen und konzentrieren Sie sich auf sich selbst. Betreiben Sie Selbstfürsorge und fokussieren Sie sich auf die wichtigen Dinge in Ihrer Beziehung. In einer Freundschaft kann es jetzt zu einem angespannten Verhältnis kommen und Sie werden merken, welche Freunde auf Ihrer Seite stehen. Vielleicht legt sogar ein Freund ein unverzeihliches Verhalten an den Tag und Sie werden sich über den wahren Stand Ihrer Freundschaft bewusst.

Botschaft:

Es kündigt sich Unglück an, dass aber verhindert werden kann, wenn Sie wachsam bleiben. Beobachten Sie Ihre Situation genau und handeln Sie, wenn es brenzlig werden sollte. So können Sie größeren Schaden vermeiden und kommen noch dazu besser mit den Umständen klar.

Aufgabe:

Welche Rolle spielt die Schlange in meinem Leben?
Welche Schwierigkeiten gibt es in meinem Leben?
Welchen Menschen kann ich wirklich vertrauen?
Welche Kontakte schwächen mich?
Wie kann ich Herausforderungen als Chance ansehen?
Was muss ich tun, damit sich mein Leben verbessert?

Hinterfragen Sie Ihre Freundschaften und vertrauen Sie nur den Menschen, die Ihnen wohlgesonnen sind.

Sarg

Natürlich wirkt der Sarg im ersten Moment wie ein böses Omen, doch wenn Sie genauer hinschauen, kann Ihnen die Karte wertvolle Denkanstöße geben. Der Sarg steht symbolisch in erster Linie für das Ende des Lebens, deutet aber auch auf Krankheit, Passivität und Abschied hin. Es hängt von den Umgebungskarten ab, welches Ende der Sarg voraussagt.

Bedeutungen:

Sie werden Abschied nehmen müssen und tiefe Trauer empfinden. Wie der Abschied aussehen wird, hängt von Ihrer allgemeinen Situation ab und was die Umgebungskarten preisgeben. Es kann sein, dass Sie sich von einer Beziehung verabschieden oder auch Ihren bisherigen Lebensstil beenden müssen. Damit können Ängste, Kummer sowie Verzweiflung einhergehen, weil Sie von den bevorstehenden Ereignissen überwältigt werden. Es kann demnach auch ein Trauma entstehen, dass Sie durchstehen müssen. Im Nachhinein werden Sie aber erkennen, dass diese Situation notwendig war, um einen endgültigen Schlussstrich zu ziehen. Der Sarg möchte Ihnen mitteilen, dass es jetzt wichtig ist, für klare Verhältnisse zu sorgen und Sie sich an einem Scheideweg befinden. Möglicherweise ist es an der Zeit Ihren Job zu kündigen, umzuziehen oder einen Teil Ihrer Persönlichkeit zu begraben. Letzteres können beispielsweise Erwartungen, Wünsche oder auch Angewohnheiten sein, die Sie belasten und Ihnen im Weg stehen. Denken Sie trotz aller Belastungen daran, dass Sie jede Krise stärker machen wird.

Beziehungen:

Nehmen Sie Probleme in Ihrer Beziehung ernst und versuchen Sie diese mit Ihrem Partner zu beseitigen. Nehmen Sie sich vor, alte Gewohnheiten loszulassen und strukturieren Sie Ihre Beziehung um. Oft ist es so, dass man in einer Beziehung festgefahrene Muster verfolgt. Sie haben nun die Chance, diese Muster zu durchbrechen und Ihrer Beziehung neues Leben einzuhauchen.

Botschaft:

Es steht ein Abschied bevor, der für Sie sehr schmerzhaft sein kann. Dabei muss es sich nicht unbedingt um den Tod einer geliebten Person handeln, sondern vielmehr weist die Karte der Sarg auf eine Trennung oder einen psychischen Verlust hin. In Ihrem Leben wird es zu einer einschneidenden Erfahrung kommen, bei der Sie sich von etwas oder jemanden trennen müssen. Doch so schwer diese Zeit Ihnen auch erscheinen mag, wird durch das Ende einer Lebensphase auch die Chance auf einen Neuanfang möglich. Versuchen Sie deshalb positiv zu denken und lösen Sie sich von Ihrem alten Leben. Sie werden schon bald für Ihren Kummer entschädigt werden.

Aufgabe:

Welche Sorgen habe ich und warum?

Welche Erfahrungen belasten mich zurzeit?

Welche Schwachstellen habe ich und wie kann ich mich vor negativen Einflüssen schützen?

Welche Aufgaben oder Pflichten belasten mich?

Wie kann ich mein Leben in Ordnung bringen?

Erledigen Sie noch heute unliebsame Aufgaben und befreien Sie sich von Ihren Altlasten.

Blumenstrauß

Ein Blumenstrauß weckt positive Gefühle und zeigt dem Beschenkten, dass jemand an ihn gedacht hat. Blumen werden zu besonderen Anlässen verschenkt, um Zuneigung oder Anteilnahme auszudrücken. Sie versprühen Freude, Festlichkeit und Schönheit. Die ersten Blumen im Jahr kündigen den Frühling an und läuten das Wiedererwachen der Natur ein. So sind sie auch ein Zeichen für Vergänglichkeit, weil Blumen nach einiger Zeit welken werden. Hier zeigt sich der natürliche Lauf des Lebens. Generell wird ein Blumenstrauß als positives Zeichen angesehen und weist auf tiefe Gefühle hin.

Bedeutung:

Sie werden mit Glück gesegnet und können sich auf eine harmonische und freudige Zeit einstellen. Wenn Sie die Blumen gezogen haben, deuten diese auf eine positive Überraschung hin, die Sie in Kürze erhalten werden. Es kann sein, dass Ihnen ein unerwarteter Geldsegen, eine Beförderung im Job oder eine glückliche Romanze bevorsteht. Sie dürfen sich über Ihr Glück freuen und es in vollen Zügen genießen.

Beziehungen:

Wann haben Sie anderen Menschen zuletzt eine Freude gemacht? Verschenken Sie Blumen oder zeigen Sie Ihre Zuneigung mittels Komplimente oder Hilfsbereitschaft. Wertschätzen Sie Ihre Lieben und lassen Sie sich etwas Schönes einfallen. Vielleicht möchten Sie jemanden Zeit schenken oder sogar ein kleines Präsent überreichen. Oft reicht es auch, wenn Sie Ihre Mitmenschen liebevoll behandeln, indem Sie ihnen ein Lächeln schenken.

Botschaft:

Genießen Sie Ihr Glück und schätzen Sie den Moment. Versuchen Sie nicht eine Verbesserung herbeizuführen, insofern dies überhaupt noch möglich ist. Seien Sie dankbar für die Kostbarkeiten des Lebens und lassen Sie positive Gefühle zu. Suchen Sie nicht nach Negativität, sondern freuen Sie sich über das alltägliche Glück. Sehen Sie nicht alles als selbstverständlich an.

Aufgabe:

Was löst der Anblick von bunten Blumen in mir aus?

Was liebe ich an meinem Leben?

Bin ich zufrieden mit mir selbst?

Wie gehe ich mit meinen Gefühlen um?

Welche Talente habe ich und worauf bin ich besonders stolz?

Setzen Sie unbedingt Ihre Pläne um und vertrauen Sie auf Ihr Talent.

Sense

Die Sense ist das Werkzeug des Sensenmannes und wird demnach mit dem Tod, also dem Ende des Lebens assoziiert. Die Sense steht aber auch für die Ernte, die nach dem Aussäen eingeholt wird.

All die Anstrengungen der letzten Zeit zeigen nun den Erfolg der Ernte an. Mit der Sense wird die kostbare Ernte geschnitten und das Feld wird für einen neuen Wachstumsprozess bereinigt. Die Sense ist demnach ein Erntewerkzeug und gleichzeitig auch als bedrohliche Waffe anzusehen, da sie sinngemäß das Leben beendet.

Bedeutung:

Sie sollten wachsam sein, denn es könnte Ihnen Gefahr drohen. So kann es zu beruflichen Schwierigkeiten oder auch zu einer Trennung im privaten Bereich kommen. Auch kann die Sense für materiellen Wohlstand stehen. Ihre harte Arbeit zahlt sich aus und Sie können nun die Früchte ernten. Vielleicht ist es auch nötig, dass Sie jetzt einen Lebensabschnitt beenden müssen, damit Ihre persönliche Weiterentwicklung stattfinden kann. Die Sense kann positiv oder auch negativ gedeutet werden, je nachdem, welche Umgebungskarten vorliegen. Als alleinstehende Karte zeigt sie auf, dass es im Leben zu notwendigen Abschlüssen kommt und Sie lernen müssen, diese Abschlüsse zu akzeptieren. Jede Phase neigt sich dem Ende zu und es entstehen neue Umstände.

Beziehungen:

Klären Sie für sich, was Sie von einer Beziehung oder von einer Freundschaft erwarten. Selektieren Sie, welche Kontakte und Bekanntschaften Ihnen wirklich guttun. Meist umgibt man sich, ohne es zu merken, mit Menschen, die negativen Einfluss auf das eigene Denken und Handeln haben. Ein Schlussstrich oder eine zeitweilige Kontaktsperre kann Ihnen helfen, sich auf sich selbst zu konzentrieren. So merken Sie auch, was Sie wirklich möchten und was Sie von anderen Menschen erwarten.

Botschaft:

Es kommt zu einschneidenden Veränderungen, die Sie nicht aufhalten können. Ein Lebensabschnitt geht zu Ende und Sie werden einen neuen Pfad einschlagen, der Ihnen neue Erkenntnisse liefern wird. Wehren Sie sich nicht gegen das Schicksal. Akzeptieren Sie das, was kommt und machen Sie das Beste aus Ihrer Situation.

Aufgabe:

Was kann ich in meinem Leben jetzt ernten?

Welche Gefühle verspüre ich, wenn ich etwas oder jemanden loslassen muss?

Bin ich bereit, meine Angelegenheiten zu klären? Wenn ja, wie kann ich dabei vorgehen?

Kündigt sich ein Bruch oder eine Trennung in meinen Beziehungen oder im Job an?

Welche Bedrohungen oder Risiken kann ich in meinem Leben feststellen?

Beenden Sie kräftezehrende Prozesse und widmen Sie sich lieber sinnvollen Dingen.

Rute

Die Rute steht für Geißelung und Bestrafung sowie für Zwist und Zwietracht. Sie steht im Zusammenhang mit quälenden Schmerzen und Auseinandersetzungen, die für große Unruhe sorgen. Die Rute wurde in der Antike eingesetzt, um Fehlverhalten zu bestrafen oder eben um andere Menschen gefügig zu machen. Generell zeigt die Rute an, dass es bald zu Streitigkeiten kommen wird und Sie darin involviert sein werden. Weshalb es zum Streit kommt, zeigen die jeweiligen Umgebungskarten an.

Bedeutung:

Sie werden mit sich oder auch anderen Menschen eine Auseinandersetzung durchleben. Wenn es Sie selbst betrifft, werden Sie schmerzvoll erfahren müssen, dass Sie Ihre Ansichten überdenken sollten. Doch sobald Sie zur Einsicht gekommen sind, werden Sie dazu imstande sein, Ihr Verhalten zu ändern. Sie besitzen einen starken Willen und werden eine charakterliche Verwandlung durchleben. Betrifft die Auseinandersetzung auch andere Personen, steht womöglich ein Familienstreit oder ein Streit mit einer Ihnen nahestehenden Person im Vordergrund. Sehen Sie die Auseinandersetzung nicht als Hindernis an, sondern eher als Chance, das Verhältnis zu festigen. Gemeinsame Differenzen sorgen für Abwechslung und können befreiend für beide Parteien sein. Besonders dann, wenn ein starkes Vertrauensverhältnis besteht. Freunde, Familienmitglieder oder Partner, die sich konstruktiv streiten können, werden sich dauerhaft besser verstehen, als jemand, der vieles unausgesprochen lässt. Wichtig ist, gegenseitiger Respekt und das Vermeiden von aggressivem Verhalten.

Beziehungen:

Möglicherweise gibt es in der Beziehung oder in einer Freundschaft schon länger Redebedarf. Scheuen Sie sich nicht davor, Probleme anzusprechen und Ihre Meinung auszusprechen. Es ist schon längst überfällig, dass Sie den Mund aufmachen. Mit Ehrlichkeit erreichen Sie viel mehr und können Ihre Beziehungen zu anderen Menschen erheblich verbessern. Auch, wenn Kritik schmerzhaft sein kann, ist es dennoch wichtig, dass Sie sich Ihren Mitmenschen mitteilen. Gehen Sie dabei behutsam und feinfühlig vor. Schließlich möchten Sie niemanden unnötig vor den Kopf stoßen. Die Erkenntnisse, die Sie und Ihr Gegenüber erhalten, werden für mehr Harmonie sorgen.

Botschaft:

Versuchen Sie, Auseinandersetzungen nicht aus dem Weg zu gehen. Suchen Sie nach geeigneten Lösungen und ergreifen Sie die Initiative. Bevor jedoch ein Streit eskaliert, sollten Sie sich darum bemühen auf sachlicher Ebene zu diskutieren. Versuchen Sie Ihr Temperament im Zaum zu halten und setzen Sie lieber auf Empathie. Dann werden klärende Gespräche auch den gewünschten Erfolg bringen.

Aufgabe:

Welche negativen Gefühle machen mir zu schaffen und warum?

Welche Streitigkeiten liegen momentan in der Luft?

Welche Möglichkeiten habe ich, Streitigkeiten zu klären oder beizulegen?

Wie kann ich aufgestaute Aggressionen sinnvoll nutzen?

Was ist momentan mein innerer Antrieb?

Versuchen Sie Ihre Kraft in kreative Aktionen zu stecken, die Sie im Leben weiterbringen.

Eulen/Vögel

Ein Vogel lässt sich selten nieder und erkundet seine Umgebung genau. Er genießt das erhabene Gefühl durch die Lüfte zu schweben. Er ist frei und unabhängig, weil er überall hinfliegen kann, ohne Rechenschaft abzulegen. Vögel werden als Überbringer göttlicher Botschaften angesehen, wobei manche Vogelarten anderen symbolische Bedeutungen zugeordnet werden. Die Taube beispielsweise ist ein Symbol für Frieden, die Krähe wird als Unglücksbote bezeichnet, und die Eule steht für Weisheit und Magie. Im Lenormand wird die Karte Nummer 12, je nach Hersteller auch als Eulen bezeichnet.

Bedeutung:

Eine hektische Phase steht Ihnen bevor. Sie kommen nicht zur Ruhe und bleiben stets in Bewegung. Einerseits kommen Sie bei Projekten gut voran, müssen sich aber auch auf eventuelle Konfrontationen einstellen, weil Sie unkonventionelle Wege einschlagen. Die Eulen stehen zudem für erfreuliche Nachrichten, die Sie bald per Brief oder Telefon erreichen werden. Möglicherweise steht auch eine Reise an, die Ihnen viele neue Eindrücke bescheren wird. Die Reise kann sich aber auch als persönliche Reise in Ihr Unterbewusstsein herausstellen. Sie werden Ihre Meinung ändern und Ihre alte Sichtweise abwerfen. Dies beschert Ihnen noch nie dagewesene Chancen, die Sie auf keinen Fall verstreichen lassen sollten.

Beziehungen:

Es liegt ein Knistern in der Luft und die erotischen Spannungen sind unverkennbar. Lassen Sie sich auf ein Abenteuer ein. In der Beziehung kann die Eule darauf hinweisen, dass Sie zu flatterhaft sind und Ihren Partner vernachlässigen. Schalten Sie einen Gang zurück und organisieren Sie einen romantischen Abend, um die Liebe wiederaufleben zu lassen.

Botschaft:

Lösen Sie sich von Ihrem alten Ich und blicken Sie nicht zurück. Gehen Sie beschwingt durchs Leben, und lassen Sie Kummer und Sorgen hinter sich. Sie wissen genau, dass Sie nur glücklich werden können, wenn Sie sich von alten Denkmustern lösen und sich an neue Wege herantrauen. Selbst, wenn Sie über das Ziel hinausschießen, werden Sie trotzdem mit wertvollen Erfahrungen belohnt. Sie können jederzeit in Ihre Komfortzone zurückfliegen, wenn es Ihnen zu viel wird. Hauptsache, Sie genießen Ihr Leben und lassen keine Möglichkeiten verstreichen. Leben Sie im Hier und Jetzt und betrachten Sie einmal alles aus der Vogelperspektive. Wie fühlt es sich an, sich von negativen Energien zu distanzieren? Wie fühlt sich die Freiheit an? Seien Sie mutig und handeln Sie weise, dann wird das Leben für Sie einige Überraschungen bereithalten.

Aufgabe:

Welchen Belastungen bin ich derzeit ausgesetzt?

Was stört mein inneres Gleichgewicht?

Welche Nachrichten haben meine Sinne beflügelt?

Was kann ich tun, um leichter und beschwingter durch mein Leben zu kommen?

Was hält mich davon ab, frei zu sein?

Nehmen Sie nicht alles so ernst und vertreiben Sie negative Gedanken, indem Sie sich mehr Spaß gönnen.

Kind

Kinder entdecken ihre Welt ohne Vorurteile und lassen sich gerne auf neue Abenteuer ein. Dabei denken sie nicht an Gefahren oder Risiken. Was zunächst gefährlich werden kann, erweist sich bei genauerer Betrachtung auch als große Chance. Denn Kinder können mit Ihrer Neugier verzaubern und so eine verborgene Welt freilegen. Sie sind unbekümmert und unbefangen, weil sie sich nicht wie die Erwachsenen den Kopf über Dinge zerbrechen, die noch nicht geschehen sind. Sie leben im

Moment und warten freudig auf die Zukunft. Dabei lernen sie stets dazu und sind besonders stolz auf sich, wenn sie eine Hürde gemeistert haben. Das Kind symbolisiert außerdem Unschuld, Hoffnung, Wahrheit und Neubeginn. Die Umgebungskarten zeigen auf, in welcher Form sich eine Veränderung zeigen wird und wie schwierige Situationen zu meistern sind.

Bedeutung:

Sie befinden sich in einem Reifeprozess, der noch nicht abgeschlossen ist. In Ihrem Leben gibt es viele Möglichkeiten, die darauf warten, von Ihnen entdeckt zu werden. Setzen Sie sich intensiv mit Ihren Ideen auseinander und versuchen Sie diese zu verwirklichen. Ihre Zukunft wird von Erfolg gekrönt sein, wenn Sie sich auf neue Erfahrungen einlassen und sich aus Ihrer Komfortzone begeben. Bleiben Sie neugierig und vertreiben Sie Selbstzweifel aus Ihrem Kopf, denn diese behindern Ihr Talent. Vertrauen Sie auf Ihre Fähigkeiten, dann werden Sie das Kind schon schaukeln.

Beziehungen:

Schenken Sie sich mehr Aufmerksamkeit, denn Sie haben anscheinend ein starkes Bedürfnis nach Selbstliebe. Nach allen Pflichten und Arbeiten sollten Sie die Beziehung zu sich selbst keinesfalls vernachlässigen. Auch Sie sind wichtig und sollten sich in Ihrer Haut wohlfühlen. Das können Sie erreichen, indem Sie auf Ihr inneres Kind hören. Ihr inneres Kind ist die unbeschwerte und lebendige Version von Ihnen, welches Ihnen zeigen möchte, was die Welt für Sie bereithält. Gehen Sie Ihren Hobbys nach und bleiben Sie stets neugierig. So erleben Sie spannende Abenteuer und befriedigen Ihre Bedürfnisse nach Spaß und Unterhaltung. Schenken Sie sich selbst die Aufmerksamkeit, die Sie verdienen. In Ihrem Umfeld kann es ebenfalls Menschen geben, die Ihre Aufmerksamkeit benötigen. Vielleicht haben Sie selbst ein Kind, dass jetzt stärker gefördert werden möchte oder einen Partner, der Ihre Unterstützung braucht. Gehen Sie auf Ihre Mitmenschen zu und bieten Sie Ihnen ein offenes Ohr und Ihre Hilfe an. Das hilft auch Ihnen, sich besser zu fühlen.

Botschaft:

Ihre Ideen sollten Sie jetzt unbedingt in die Tat umsetzen. Haben Sie keine Angst vor möglichen Risiken und vertrauen Sie auf Ihr Glück. Bleiben Sie neugierig und gehen Sie mit offenen Augen durchs Leben, damit Ihnen nichts entgeht. Sie werden stets dazulernen und können sich über Ihre Fortschritte freuen. Lassen Sie sich nicht entmutigen, wenn Sie einmal eine Niederlage erleiden müssen. Nehmen Sie sich das Kind zum Vorbild und probieren Sie Ihr Vorhaben so lange, bis es funktioniert, auch wenn Sie mal eine Träne vergießen müssen. Wenn Sie es dann endlich geschafft haben, können Sie sich weiteren Projekten widmen.

Aufgabe:

In welchen Bereichen meines Lebens fehlt es mir an Fantasie?
Welches kreative Potenzial wartet darauf, von mir geweckt zu werden?
Welches Projekt habe ich begonnen, aber noch nicht abgeschlossen?
Wie würde mein inneres Kind über mich denken?
Welche Gefühle und Gedanken belasten mein inneres Kind?

Schenken Sie Ihren Bedürfnissen Beachtung und realisieren Sie Ihre Träume sowie Ihre Wünsche.

Fuchs

Der Fuchs ist ein scheues, aufmerksames und schlaues Tier. Er beobachtet seine Umgebung genau und handelt, nachdem er sich einen raffinierten Plan zurechtgelegt hat. Der Fuchs steht für List und Klugheit und vertraut seinen Instinkten, sowie seiner Intuition.

Bedeutung:

Sie müssen herausfinden, ob eine Situation in Ihrem Leben in die falsche Richtung läuft. Dabei kann es von entscheidender Bedeutung sein, ob sich Ihnen dubiose Menschen in den Weg stellen oder Sie selbst zu einer gerissenen Strategie greifen müssen, um alles unter Kontrolle zu bekommen. Der Fuchs stellt immer eine Warnung dar und möchte Sie in Ihrem Denken und Handeln sensibilisieren.

Beziehungen:

Wenn Sie jemand neues kennenlernen, dürfen Sie Ihrem Gegenüber keineswegs blind vertrauen. Anfangs wird die Verliebtheit Ihre Sinne trüben und Sie nur an das Gute im Menschen glauben lassen. Euphorische Gefühle gehören zur Liebe dazu und sind auch wunderschön, dennoch sollten Sie den Blick für die Realität nicht verlieren. Achten Sie auf das Verhalten Ihres Partners und öffnen Sie sich ihm erst dann, wenn Sie sich ganz sicher sind. Sie minimieren so das Risiko, hintergangen und ausgenutzt zu werden.

Botschaft:

Bleiben Sie Herr der Lage und überlegen Sie sich, wie Sie strategisch am besten vorgehen sollten. Begutachten Sie Ihre Mitmenschen und deren Verhalten. Enttarnen Sie Lügner und erkennen Sie versteckte Hinweise, die darauf hindeuten, dass Ihnen jemand schaden möchte.

Aufgabe:

Welche Gefahren lauern auf mich und wie kann ich diese Gefahren rechtzeitig erkennen?

Welches Verhalten von mir wäre angebracht und gleichzeitig klug?

Welchen Menschen kann ich blind vertrauen?

Vor welchen Menschen sollte ich mich in Acht nehmen?

Bin ich fremden Menschen zu vertrauensselig?

Wie kann ich meine Situation geschickt verbessern, ohne dass ich in Schwierigkeiten gerate?

Lassen Sie sich nicht von anderen Menschen manipulieren. Schlagen Sie eine Bitte aus, wenn es Ihnen gerade nicht passt.

Bär

Der Bär ist ein imposantes wildes Tier, welches in seinem Lebensraum keine Feinde hat. Das liegt daran, dass der Bär eine enorme Körperfülle aufweist und aufgrund seiner Größe und Stärke Autorität ausstrahlt. Mit einem Bären möchte man sich deshalb nicht anlegen. Neben seiner Stärke wird der Bär auch mit Glück, Gemütlichkeit, Naivität, Gelassenheit sowie Gutmütigkeit und Mütterlichkeit in Verbindung gebracht. Die Bedeutung des Bären im Lenormand wird sehr stark durch die Umgebungskarten beeinflusst.

Bedeutung:

Bündeln Sie all Ihre Kräfte und setzen Sie diese für Ihre Projekte ein. Ihre Stärke ist Ihr Erfolgsrezept und wird Sie zu Höchstleistungen anspornen. Der Bär symbolisiert innere und körperliche Stärke, die für das eigene Glück notwendig sind. Mit einer positiven Einstellung und kraftvollen Handlungen kommen Sie im Leben weiter. Das kann Neider und Missgunst nach sich ziehen, welche Ihnen aber aufgrund Ihrer mentalen Stärke nichts anhaben können.

Beziehungen:

Jetzt kann Ihre leidenschaftliche Seite zum Vorschein kommen. Sexuelle Bedürfnisse sollten Sie nicht ignorieren und deshalb voll auskosten. Der Bär kann auch für starke Eifersuchtsgefühle stehen, die Sie oder Ihr Partner momentan belasten. Steigern Sie sich nicht zu sehr in die Eifersucht hinein, denn wie der Bär mit seiner Pranke zuschlägt, kann auch die Eifersucht Ihre Zuneigung wegschlagen.

Botschaft:

Vertrauen Sie auf Ihre Kräfte und Ihren Mut. Sie können Ihre Ziele nur erreichen, wenn Sie ein Wagnis eingehen und sich nicht von möglichen Risiken einschüchtern lassen. Bleiben Sie optimistisch und genießen Sie Ihren Schaffensprozess.

Aufgabe:

Wie kann ich meine Kräfte richtig einschätzen?
Welche unkontrollierbaren Verhaltensweisen lege ich an den Tag?
Gibt es in meinem Umfeld jemanden, der mir mein Glück nicht gönnt? Wenn ja, Warum?
Wann bin ich eifersüchtig oder neidisch auf andere Menschen?
Bin ich mutig genug, um meine Ziele zu erreichen?

Lassen Sie sich von anderen Menschen keinen Bären aufbinden und hinterfragen Sie unglaubwürdige Anekdoten.

Sterne

Sterne besitzen eine besondere Faszination. Sie leuchten am Himmel und verzaubern uns jede Nacht aufs Neue. Sterne stehen für Erfolg und Wunscherfüllung. Nicht umsonst warten wir gespannt auf Sternschnuppen und formulieren einen Herzenswunsch. Sterne sind ein Symbol für Glück, Lebensträume, Hoffnung sowie Schönheit und göttliche Erscheinungen. Auch dient der Stern als Schutzsymbol.

Bedeutung:

Egal, was Sie sich vorgenommen haben, es wird Ihnen gelingen. Der Stern verheißt immer positive Ereignisse. Ihre Erwartungen werden erfüllt und Ihnen wird alles leicht von der Hand gehen. Freuen Sie sich über eine positive Zeit, in denen Ihre Träume zur Realität werden können. Ganz gleich, welche Frage Sie stellen, die Sterne weisen Ihnen immer den besten Weg.

Beziehungen:

Wenn zwei Menschen zueinanderfinden, prallen Welten aufeinander. Das muss nichts Schlechtes sein. Gemeinsam können Sie Ihre Beziehung verbessern, wenn Sie Kompromisse eingehen, zuhören und sich einander respektieren. Versuchen Sie nicht Ihren Partner oder Ihre Freunde zu ändern. Sie besitzen schließlich auch eine einzigartige Persönlichkeit und wollen nicht, dass jemand Sie verurteilt. Akzeptieren Sie die gegenseitigen Makel des anderen und unterstützen Sie sich einander, dann wird das Licht Ihrer Beziehung noch heller erstrahlen.

Botschaft:

Folgen Sie Ihrem Herzen und hören Sie auf Ihre innere Stimme. Sie selbst entscheiden, was gut für Sie ist und welchen Weg Sie einschlagen möchten. Niemand kann Ihnen vorschreiben, wie Ihr Leben auszusehen hat. Werden Sie aktiv und lassen Sie sich nicht von Ihrem Vorhaben abbringen. Leben Sie Ihre Träume und erfüllen Sie sich Ihre tiefsten Sehnsüchte. Jetzt ist ein guter Zeitpunkt, um zu handeln.

Aufgabe:

Was sind meine Ziele und Wünsche?

Wie verhalte ich mich anderen Menschen gegenüber?

Bleibe ich mir treu oder verbiege ich mich für andere Menschen?

Welche Erwartungen habe ich und kann ich diese Erwartungen überhaupt erfüllen?

Bin ich von meinem Kurs abgekommen oder verfolge ich konsequent mein Ziel?

Schreiben Sie sich Ihre tiefsten Wünsche auf und überlegen Sie, wie Sie sich diese Wünsche erfüllen können.

Storch

Mit dem Storch verbindet man einen stattlichen Vogel, der die Kinder ins Haus bringt. Er ist das Symbol schlechthin für Kinderreichtum, Familie, Zuwachs und Aufbruch. Er symbolisiert Veränderungen, die das Leben mit sich bringt. Auch, steht der Storch für das Verreisen und das damit verbundene Fernweh. Die Umgebungskarten geben Aufschluss darüber, in welcher Hinsicht Veränderungen stattfinden werden.

Bedeutung:

Sie werden jetzt besonders gefordert, denn Ihr Leben wird sich komplett verändern. Vielleicht steht eine Schwangerschaft, ein Umzug oder ein Jobwechsel bevor. Manchmal kann auch ein Zuwachs an Aufgaben und Projekten dahinterstecken. Eines ist auf jeden Fall klar. Ihr Leben wird sich wandeln und Sie werden Ihre Prioritäten anders setzen. Auch, wenn Ihnen Veränderungen Angst machen, sollten Sie versuchen optimistisch zu bleiben und jedes Ereignis als Weiterentwicklungschance ansehen.

Beziehungen:

In der Liebe kann es jetzt turbulent zugehen und Sie werden sich vielleicht überfordert fühlen. Entweder müssen Sie sich für oder gegen eine Beziehung entscheiden oder Ihre Beziehung erklimmt eine neue Stufe. So können auch Zukunftspläne im Raum stehen, die Ihre Partnerschaft bereichern werden.

Botschaft:

Ihnen steht ein großer Wandel bevor. Ein neuer Lebensabschnitt liegt vor Ihnen. Wehren Sie sich nicht gegen Veränderungen, denn Veränderungen bringen Sie stets einen Schritt nach vorn. Freuen Sie sich, auf spannende und neue Erfahrungen, die einen völlig neuen Menschen aus Ihnen machen werden.

Aufgabe:

Welche Ziele möchte ich in naher Zukunft erreichen?

Welche Ängste und Hoffnungen habe ich, wenn ich an die Zukunft denke?

Welche Veränderungen in meinem Leben machen mir Angst?

Welche Veränderungen haben mein Leben bereichert?

Welche Erwartungen habe ich von mir selbst?

Werden Sie sich über Ihre Ziele im Klaren und überlegen Sie sich auch, was Sie nicht möchten.

Hund

Der Hund ist der beste Freund des Menschen, so sagt man. Treu ergeben und wachsam, wird der Hund als Beschützer und Weggefährte angesehen. Er ist ein Symbol für Freundschaft, Loyalität und Ergebenheit. Jedoch kann der Hund auch für Triebhaftigkeit, Unterwürfigkeit und Aggressionen stehen. Je nachdem, welche Umgebungskarten gezogen werden, kann sich die Bedeutung des Hundes negativ zeigen. Als alleinstehende Karte bezieht er sich immer auf Freundschaften und soziale Kontakte.

Bedeutung:

Wenn Sie momentan Schwierigkeiten haben, kann Ihnen ein guter Freund auf die Sprünge helfen. Nehmen Sie Hilfe dankend an und helfen auch Sie, wenn Sie gebraucht werden. Ansonsten verheißt der Hund Ihnen innige Freundschaften und Glück im sozialen Umfeld. Ihre wahren Freunde werden Ihnen immer zur Seite stehen und Sie in allem unterstützen.

Beziehungen:

Wenn Sie eine gute Beziehung führen möchten, ist Respekt und Loyalität besonders wichtig. Seien Sie ehrlich zu Ihrem Partner, aber bleiben Sie dabei empathisch und feinfühlig. Auch, wenn Sie Ihre eigenen Interessen vertreten, sollten Sie die Meinung Ihres Partners achten. Ein respektvoller Umgang, auch während einem Streit zeigt, dass Ihnen Ihr Partner viel bedeutet und er sich nicht für Sie verbiegen muss.

Botschaft:

Hüten Sie sich vor falschen Freunden. Bleiben Sie wachsam wie ein Hund und prüfen Sie Ihre Freundschaften genau. Nicht jeder, der vorgibt ein Freund zu sein, ist auch wirklich einer. Kümmern Sie sich gut um Ihre Freundschaften, werden Ihnen Ihre Freunde mit Rat und Tat zur Seite stehen, wenn es mal brenzlig wird.

Aufgabe:

Habe ich genügend Freunde, die mir zur Seite stehen?
Welches Verhältnis habe ich zu meinen Freunden?
Bin ich selbst ein guter Freund und wenn ja, was macht mich aus?
Kann ich mich auf meine Freunde verlassen?
Was wünsche ich mir von meinen Freunden?

Nehmen Sie mit Ihren besten Freunden Kontakt auf und verbringen Sie Zeit miteinander.

Turm

Der Turm gilt als Wächter des Lebens und steht gleichzeitig für Zuflucht, Überblick, Macht und Selbstverwirklichung. Er deutet auf einen starken Willen hin, kann aber auch als Rückzugsort betrachtet werden. Türme hatten die Funktion, Aussichtspunkte zu schaffen, bei denen den Wächtern nichts entgehen sollte. Ob Burg, Leuchtturm oder Kirche. Im Turm war man dem Himmel nahe und konnte aufmerksam die Umgebung beobachten. Das machte es leicht, Feinde zu erkennen und für Sicherheit zu sorgen. Der Turm besaß demnach eine Art Schutzfunktion für umliegende Städte und prägt das Gefühl von Erhabenheit.

Bedeutung:

Beobachten Sie Ihre Situation und handeln Sie nach Ihren Vorstellungen. Nur Sie können standhafte Türme bauen, die Sie Ihren Zielen näherbringen. Sie haben hohe Erwartungen und möchten, dass nichts schiefgeht. Begeben Sie sich auf Ihren Wachposten und überlassen Sie nichts dem Zufall. Wenn sich eine Schwachstelle zeigt, greifen Sie sofort ein und beseitigen Sie das Problem. Bleiben Sie ehrgeizig, aber übertreiben Sie es nicht. Zu viel Ehrgeiz kann Sie Freundschaften und Lebensqualität kosten.

Beziehungen:

Positive Aussichten verhelfen Ihnen in der Liebe zu glücklichen Momenten. Doch sollten Sie trotz aller Glückshormone Ihre Beziehungen im Auge behalten. Nicht nur in der Partnerschaft, sondern auch bei Freundschaften ist es von Vorteil, wenn Sie alles überblicken können. Vielleicht fällt Ihnen das ein oder andere Problem auf und Sie können gemeinsam mit Ihren Mitmenschen nach Lösungen suchen. Wichtig ist, dass Sie sich nicht zurückziehen und in Isolation begeben, denn davon profitieren Sie am wenigsten.

Botschaft:

Ziehen Sie sich nicht in Ihren Turm zurück. Zögern Sie nicht mit der Umsetzung Ihrer Ideen, sondern glauben Sie daran, dass Ihre Pläne funktionieren werden. Sie haben Ihr Leben in der Hand und sind für Ihren Erfolg verantwortlich. Wenn Sie sich unsicher sind, betrachten Sie die Situation von oben und legen Sie sich einen Plan zurecht. Dann wird es Ihnen leichter fallen, ans Werk zu gehen.

Aufgabe:

Welche Gefühle verbinde ich mit dem Turm?

Wie kann ich den Überblick über mein Leben behalten?

Fühle ich mich momentan eingesperrt oder einsam?

Wie kann ich offen sein für Neuerungen?

Welche möglichen Ereignisse könnten auf mich zukommen?

Haben Sie Vertrauen in sich und Ihre Fähigkeiten, werden Sie nicht so schnell den Überblick verlieren.

Garten

Ein Garten ist ein Ort, an dem gesät, gejätet und geerntet wird. Er verzaubert mit artenreichen Pflanzen und Tieren, welche vor der Außenwelt geschützt leben können. Der Garten steht deshalb für Frieden, Harmonie und Schutz. Im christlichen Glauben wird der Garten Eden beispielsweise als Paradies bezeichnet. Und genau das sollte ein Garten auch sein: ein Paradies für denjenigen, der ihn besitzt.

Bedeutung:

Ihre Anstrengungen werden belohnt und Sie können nun die Früchte Ihrer Arbeit ernten. Ihnen steht außerdem eine Wachstumsphase bevor, bei der Sie sich persönlich weiterentwickeln werden. Hierbei kann es manchmal nötig sein, sich in sich selbst zurückzuziehen, um wieder zu Kräften zu kommen. Nehmen Sie sich deshalb genügend Zeit für Ihre Selbstfürsorge und ziehen Sie sich in Ihren mentalen Garten zurück.

Beziehungen:

Blicken Sie nach vorne und seien Sie nicht nachtragend. Jeder Moment in Ihrer Beziehung ist kostbar und nicht selbstverständlich. Werden Sie sich darüber bewusst, welches Glück Sie haben oder noch haben werden. Lernen Sie Freundschaften zu schätzen und genießen Sie positive Gefühle und gemeinsame Erlebnisse. Seien Sie dankbar für die Liebe und erinnern Sie sich regelmäßig daran, wie schrecklich es ohne Ihre Liebsten wäre.

Botschaft:

Damit Sie Ihren Frieden finden können, müssen Sie lernen, sich in den richtigen Momenten zurückzunehmen. Schaffen Sie sich Ihren persönlichen Kraftort und verbringen Sie so viel Zeit wie möglich in der Natur. Sie schöpfen dadurch neue Kraft und schärfen Ihre Sinne für die Schönheit des Alltags.

Aufgaben:

Welcher Ort dient mir als Rückzugsort?
Was ist mein persönliches Paradies?
Wie stehe ich zu der Gegenwart?
Wie sieht für mich ein glückliches Leben aus?
Gibt es etwas, was mich an meinem inneren Frieden hindert?

Spazieren Sie durch die Natur und genießen Sie den Wald, den Garten und das Treiben um Sie herum.

Berg

Berge ragen majestätisch in den Himmel hinein und sind oft schwierig zu bezwingen. Symbolisch steht der Berg für Anstrengung, Hindernis und Siegeswillen. Ein Bergsteiger braucht nicht nur die passende Ausrüstung, um einen Berg zu erklimmen. Er benötigt auch Mut, Durchsetzungskraft und Ausdauer. Der Berg fordert genau dies ein. Er zeigt auf, dass mit den aufkommenden Schwierigkeiten mitunter negative Gefühle wie Niedergeschlagenheit und Frustration auftreten können. Ähnlich wie der Turm schafft der Berg einen Überblick über das Land und lässt den Blick in das Tal zu. Werden Umgebungskarten gezogen, weisen diese Karten auf die Art der Hindernisse hin.

Bedeutung:

Sie werden vor einem vermeintlich unüberwindbaren Berg stehen, der Ihnen alles abverlangen wird. Wenn Sie aber hoch auf dem Gipfel stehen, werden Sie das Problem überschauen können und das Problem verliert an Bedrohlichkeit. Der Berg bringt mitunter auch das Gefühl von Einsamkeit, da Sie sich von anderen Menschen im Stich gelassen fühlen. Dieser Zustand wird aber nur von kurzer Dauer sein. Wenn Sie Ihren persönlichen Berg bestiegen haben, werden Sie merken, dass Sie nie ganz allein waren.

Beziehungen:

Gemeinsam die Schwierigkeiten des Lebens zu meistern, schweißt zusammen. In der Liebe zeigt der Berg, dass Sie als Paar viele Auseinandersetzungen haben, diese Auseinandersetzungen aber im Nachhinein nicht als negativ gewertet werden. Vielmehr klettern Sie gemeinsam auf den Gipfel und können auf eine wunderbare und einprägsame Zeit zurückblicken.

Botschaft:

Verlieren Sie niemals den Glauben an sich selbst. Sie können alles erreichen, wenn Sie davon überzeugt sind. Spornen Sie sich zu Höchstleistungen an, selbst wenn Sie momentan wenig Energie besitzen.

Aufgabe:

Welchen Berg muss ich in meinem Leben noch erklimmen?
Welches Hindernis steht mir momentan im Weg?
Gibt es Herausforderungen, bei denen ich Hilfe von außen benötige?
Was fördert meine Motivation und mein Durchhaltevermögen?
Was ist mein Ziel für die Zukunft?

Haben Sie keine Angst, eine neue Herausforderung anzunehmen. Trauen Sie sich, den Berg zu erklimmen.

Weg

Der Weg steht immer für einen Wendepunkt im Leben. Dieser Wendepunkt wird durch wichtige Entscheidungen hervorgerufen, welche den weiteren Lebensstil beeinflussen können. Ein Weg sorgt immer dafür, dass man sich mit dem Sinn des Lebens befassen und viele Entscheidungen hinterfragen muss. Symbolisch steht der Weg für den Lebensweg, der ständig neue Abzweigungen aufweist und nicht stur geradeaus verläuft.

Bedeutung:

Bevor Sie sich für einen Weg entscheiden, wägen Sie genau ab, welche Folgen Ihre Wahl auf den Verlauf der jeweiligen Situation haben kann. Sie werden womöglich von anderen Menschen dazu gedrängt sich schnell zu entscheiden, aber gerade dann ist es wichtig, dass Sie auf Ihr Herz hören. Analysieren Sie die Situation und lassen Sie sich nicht bei Ihren Entscheidungen beeinflussen. Nur Sie wissen, welchen Weg Sie wählen möchten. Es ist in Ordnung sich einen Überblick zu verschaffen und den geeigneten Zeitpunkt abzuwarten, aber zögern Sie Ihre Entscheidung nicht hinaus, denn sie ist unvermeidlich.

Beziehungen:

Ein Weg muss gegangen werden, damit er überhaupt eine Bedeutung bekommt. In der Liebe müssen Sie immer wieder neue Wege einschlagen und Entscheidungen treffen, damit Ihre Beziehung nicht an Reiz verliert. Widmen Sie sich bewusst Ihrem Partner und entscheiden Sie gemeinsam, wohin Ihre Reise gehen soll.

Botschaft:

Nicht jeder Weg bringt Sie direkt ans Ziel. Manchmal müssen Sie auch Umwege einschlagen oder sich auf Abwegen befinden. Das mag für Sie anstrengend und demotivierend sein, aber ist notwendig, damit Sie aus Fehlern lernen können. Es gibt immer verschiedene Optionen, die Sie weiterbringen können. Sie müssen nun erkennen, welcher Weg für Sie selbst geeignet ist und nicht welcher Weg Ihnen vorgeschrieben wird.

Aufgabe:

Welche Entscheidungen muss ich derzeit treffen?
Wie kann ich die richtigen Entscheidungen fällen?
Welche Zweifel halten mich von meiner Wahl ab?
Welchen Weg möchte ich einschlagen und was benötige ich dazu?

Überlegen Sie, welchen Weg Sie für die Zukunft einschlagen wollen und verfolgen Sie ihn dauerhaft.

Mäuse

Mäuse sind flinke Zeitgenossen, die unsichtbar auf Nahrungssuche gehen. Sie suchen sich Ihren Weg, um an die köstlichen Leckereien der Menschen zu gelangen. Dabei gehen Sie sehr intelligent vor und nagen sich auch gerne mal durch Wände. Sie zwängen sich durch die kleinsten Löcher und plündern, sehr zum Ärger von uns Menschen, jegliche Vorräte. Die Maus ist zudem ein Krankheitsüberträger und war schon im Mittelalter für viele Seuchen verantwortlich. Im Lenormand steht die Maus für Verlust und Diebstahl. Sie verkörpert das Misslingen einer Aufgabe und wird demnach mit einer Niederlage in Verbindung gebracht. Es folgen Unsicherheit und Kummer, die an der Seele nagen können.

Bedeutung:

Sie werden darauf hingewiesen, dass Sie sich auf einen Verlust einstellen müssen. Wie dieser Verlust aussehen wird, hängt von den Umgebungskarten ab. Es kann sein, dass Sie in Zeitnot geraten, Sie unerwartete Geldsorgen bekommen oder Ihnen etwas gestohlen wird. Vielleicht schnappt Ihnen auch jemand den heißersehnten Job weg oder Sie müssen sich von Ihrem alten Auto trennen. Akzeptanz kann Ihnen dabei helfen, die Situation besser zu verstehen. Möglicherweise können Sie aus dem Verlust Ihre Lehren ziehen und sich mental besser auf unvorhersehbare Ereignisse vorbereiten.

Beziehungen:

Eine Trennung kündigt sich an. Dieser können Sie entgegenwirken, wenn Sie schnell handeln. Achten Sie auf Ihre Beziehung und Ihre Freundschaften. Schenken Sie Ihren Mitmenschen mehr Aufmerksamkeit und wertschätzen Sie jeden Menschen, der Ihnen etwas bedeutet. Ignorieren Sie keinesfalls mögliche Signale, die auf Streitigkeiten hindeuten könnten. Auch, wenn die Signale noch so klein erscheinen, sind sie für Ihre Bindung ausschlaggebend. Zeigen Sie Ihre Zuneigung mit netten Worten oder Gesten und hören Sie Ihren Mitmenschen zu. Das hilft, meist Probleme frühzeitig zu erkennen und hält negative Gefühle in Schach.

Botschaft:

Nehmen Sie Ihre Probleme in Angriff und bleiben Sie aktiv. Wenn Sie sich zu sehr auf Ihren Erfolgen ausruhen, kann es passieren, dass Sie alles wieder verlieren werden. Bewahren Sie einen kühlen Kopf und schätzen Sie Ihre Situation richtig ein. Überwinden Sie die Krise, indem Sie auf raffinierte Tricks zurückgreifen.

Aufgabe:

Wie steht es um meine finanzielle Situation?

Wie kann ich mich vor Menschen schützen, die mich ausnutzen wollen?

Wie sehen meine Prioritäten im Leben aus?

Was muss ich loslassen, um glücklich zu werden?

Welche Verluste haben mich geprägt?

Behalten Sie Ihre Finanzen im Auge und lassen Sie sich nicht auf Experimente ein.

Herz

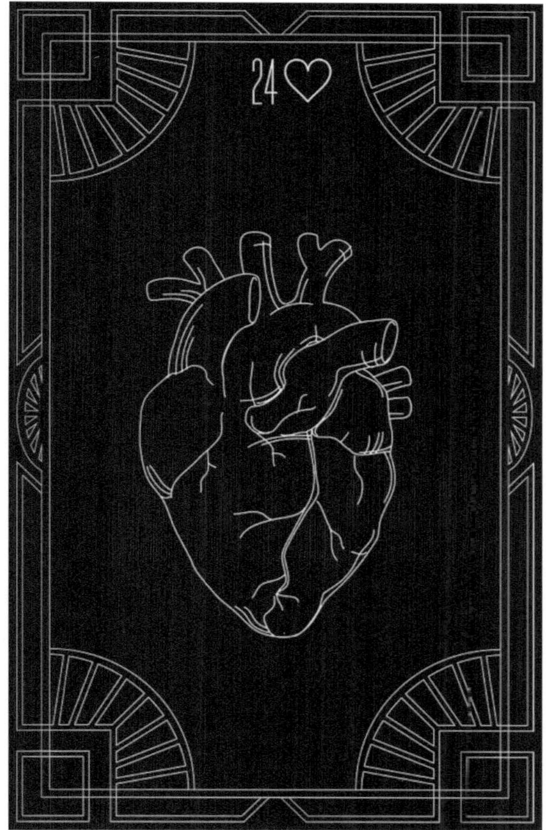

Kein Symbol repräsentiert die Liebe so deutlich wie das Herz. Es vereint Zuneigung, Zärtlichkeit, Gefühle, Freude und Emotionen sowie Optimismus und Glück. Außerdem steht es für Hingabe, Verliebtheit und Vereinigung. Das Herz ist allerdings nicht nur positiv behaftet, denn wie jeder weiß, bringt die Liebe auch negative Gefühle hervor. Es stellt somit das Zentrum aller Gefühle dar. Eifersucht, Sehnsucht und Liebeskummer lösen ein Wechselbad der Gefühle aus und machen aus der Liebe eine wilde Achterbahnfahrt. Das Herz kann auch auf Verletzlichkeit und Schwäche hindeuten.

Bedeutung:

Sie werden intensive und innige Momente erleben. Sie strahlen momentan sehr viel Liebe aus und haben Glück in Partnerschaft, Familienleben und Beruf. Mit vollem Herzen sind Sie bei der Sache und begeistern Ihre Mitmenschen jeden Tag aufs Neue. Ihre Liebe ist grenzenlos und Sie kümmern sich nicht nur um sich selbst, sondern auch um andere. Sie erfreuen sich an Kleinigkeiten und lassen bewusst jeden schönen Moment in Ihr Herz hinein. Das schenkt Ihnen Lebensmut und Freude, was Ihnen wiederum eine positive Anziehungskraft beschert. Trotz der starken positiven Gefühle sollten Sie dennoch darauf achten, dass Sie sich nicht angreifbar machen. Wenn Sie von Liebe erfüllt sind, kann es schnell passieren, dass Ihnen Warnzeichen nicht sofort auffallen. Schließlich sieht für Sie alles rosig aus.

Beziehungen:

Öffnen Sie Ihr Herz für die Liebe. Verschlossenheit bringt nur Distanz in die Beziehung und schädigt diese auf Dauer. Setzen Sie auf Zärtlichkeiten und verwöhnen Sie sich gegenseitig. Außerhalb Ihrer Beziehung sollten Sie jetzt liebevoll auf Ihre Mitmenschen blicken und nicht jedes Wort auf die Goldwaage legen. Wenn Menschen gestresst sind, kann Liebe und Lebensfreude schnell in Vergessenheit geraten. Wichtig ist, dass Sie diesen Menschen, besonders in schwierigen Lebensphasen, Liebe schenken. Nur wer bereit ist, Liebe auszusenden, wird auch Liebe empfangen können.

Botschaft:

Folgen Sie unbedingt Ihrem Herzen. Es wird Ihnen den richtigen Weg weisen. Selbst, wenn Sie mit Ihrer Entscheidung nicht alle Geschmäcker treffen werden, weiß Ihr Herz genau, was das Beste für Sie ist. Genießen Sie die Liebe und allen damit verbundenen Gefühlen. Sie werden es nicht bereuen.

Aufgabe:

Was ist mein Herzenswunsch?
Für welche Personen oder Dinge schlägt mein Herz?
Fühle ich mich derzeit von meinen Mitmenschen geliebt?
Wie sieht es mit meiner Selbstliebe aus?
Folge ich momentan meinem Herzen oder bin ich vom Weg abgekommen?

Führen Sie ein Selbstliebe-Ritual aus, welches Sie stärkt und wieder mit Liebe erfüllt.
Beispiel: Machen Sie sich selbst Komplimente.

Ring

Ein Ring symbolisiert die Unendlichkeit, die Ewigkeit sowie einen geschlossenen Kreis. Er zeigt Zugehörigkeit an und steht für eine starke Verbindung. Außerdem werden mit dem Ring Treue, Veränderungen, Kreislauf und Glück assoziiert. Ringe werden immer dann benutzt, wenn es zu bedeutungsvollen Zusammenkünften oder Beziehungen kommt. Der Ehering für das Ehepaar oder der Siegelring einer Glaubensgemeinschaft sind gute Beispiele für diese Verbindungen. Der Ringträger selbst gibt ein Versprechen ab, welches nur mit dem Abnehmen oder Zerbrechen des Ringes aufgelöst werden kann.

Bedeutung:

Sie werden mit jemanden ein Bündnis oder einen Vertrag abschließen. Prüfen Sie die Absichten Ihres Gegenübers genau und handeln Sie erst dann, wenn Sie sich absolut sicher sind. Bedenken Sie auch, dass mit einer Verbindung immer gewisse Rahmenbedingungen oder Regeln einhergehen, die Sie einhalten müssen. Sind Sie bereit, sich in Ihrer Freiheit einzuschränken und die Vorzüge der Zusammenkunft zu genießen? Wenn nicht, sollten Sie unbedingt davon absehen und sich nach Alternativen umsehen, die eher zu Ihnen passen.

Beziehungen:

Vielleicht wird es Zeit für Sie, eine feste Beziehung einzugehen. Es wird Ihnen guttun, wieder mit einem Menschen anzubandeln. Wenn Sie sich schon in einer Partnerschaft befinden, kann der Ring ein Hinweis darauf sein, die nächste Stufe zu erreichen. Das kann eine Verlobung bzw. Heirat sein oder aber auch gemeinsame Ziele wie beispielsweise das Zusammenziehen mit Ihrem Partner.

Botschaft:

Werden Sie sich darüber im Klaren, was Sie möchten. Wenn Sie langfristige Verbindungen eingehen, egal ob auf privater oder geschäftlicher Ebene, sollten Sie Ihre Prinzipien kennen. Lassen Sie sich beraten und überdenken Sie Ihre Entscheidungen. Treffen Sie keine Wahl, ohne mindestens eine Nacht darüber zu schlafen. Sie vermeiden Fehlentscheidungen und Enttäuschungen.

Aufgabe:

Welche Verbindungen bin ich bereit einzugehen?

Habe ich Bindungsängste?

Fühle ich mich wohl in meiner Beziehung?

Entscheide ich selbst, mit wem ich eine Verbindung eingehe oder lasse ich mich in der Hinsicht leicht beeinflussen?

Überlegen Sie, was Sie sich von einer festen Partnerschaft wünschen. Kommunizieren Sie Ihre Wünsche mit Ihrem Partner.

Buch

Bücher sind faszinierende Nachschlagewerke, die mit Wissen, Erkenntnissen und neuen Geschichten begeistern. Sie stehen symbolisch für Weisheit und Geheimnisse. Ein Buch zu lesen, bedeutet auch immer sich auf neue Abenteuer einzulassen oder neues Wissen zu erlangen. Man weiß nie, wie die Geschichte ausgeht oder welche Moral dahinterstecken könnte. Bücher werden als wertvoll angesehen, weil das geschriebene Wort eine große Macht besitzt. Die Bibel beispielsweise beeinflusst noch heute viele gläubige Menschen und ist für die Kirche ein heiliger Hoffnungsträger.

Bedeutung:

Das Buch verheißt immer, dass Sie noch etwas dazulernen müssen. Damit ist nicht unbedingt ein Studium oder eine Ausbildung gemeint, sondern vielmehr möchte Sie das Buch auf das Erlangen neuer Erfahrung hinweisen. Sie befinden sich in Ihrer Geschichte noch nicht dort, wo Sie sein sollten. Dazu bedarf es an Erkenntnissen und Eindrücken, die Ihre Denkweise verändern werden. So kann das Buch auch auf ein verschlossenes Selbst hinweisen, welches erst noch ergründet werden muss. Im Laufe Ihres Lebens werden Sie weiser und klüger. Sie lernen, welche Folgen Ihre Handlungen haben und wie Sie zu sich selbst finden können. Ein geistiger Entwicklungsprozess liegt vor Ihnen, der für eine aufregende Handlung sorgt.

Beziehungen:

Ihr Wissen kommt Ihren Freunden zugute. Sie haben für nahezu jede Situation einen Ratschlag parat. Doch drängen Sie sich Ihren Mitmenschen nicht auf. Nicht jeder mag ungebetene Ratschläge hören. In der Liebe sollten Sie und Ihr Partner etwas Neues ausprobieren, damit Ihre Beziehung spannend bleibt. Gönnen Sie sich eine Reise in ferne Länder oder besuchen Sie zusammen einen Kochkurs. Sie werden sehen, dass gemeinsames Lernen und Erleben Ihre Liebe beflügeln wird. Und wer weiß, vielleicht steht dann auch für Sie beide ein weiteres aufregendes Kapitel an.

Botschaft:

Sie selbst schreiben Ihre Lebensgeschichte und sollten auch die Hauptrolle darin spielen. Konzentrieren Sie sich auf Ihre Ziele und Träume. Leben Sie nach Ihren Vorstellungen und hören Sie nicht auf andere Menschen. Wenn Sie unbedingt Ihr Leben neugestalten möchten, dann ist jetzt der richtige Zeitpunkt gekommen. Trauen Sie sich ein neues Kapitel aufzuschlagen und fürchten Sie sich nicht vor unvorhersehbaren Ereignissen.

Aufgabe:

Gibt es Bereiche, in denen ich mich weiterbilden möchten?

Welches Wissen kann ich selbst vermitteln, um anderen Menschen zu helfen?

Wie kann ich mein Wissen gezielt zur Verbesserung meiner Situation einsetzen?

Welche Geheimnisse habe ich und warum möchte ich diese geheim halten?

Wie sieht für mich der Sinn des Lebens aus?

Lernen Sie sich selbst kennen, indem Sie jeden Tag in ein Tagebuch schreiben.

Brief

Briefe stehen für Kommunikation und persönliche Verbindungen. Bevor die Digitalisierung voranschritt, waren Briefe für das Überbringen von Nachrichten unerlässlich. Heute sind persönliche Briefe aus der Mode gekommen und werden immer mehr durch E-Mails oder Textnachrichten per Handy ersetzt. Doch ein handgeschriebener Brief zeigt dem Empfänger, dass sich der Absender Zeit nimmt und nicht auf Hektik aus ist. Symbolisch wird der Brief als Botschaft für das eigene Bewusstsein angesehen und im Lenormand verweist er auf das Erhalten oder Versenden von wichtigen Nachrichten. Diese Nachrichten können positiv oder negativ sein, besitzen aber einen tieferen Sinn.

Bedeutung:

Ihre Seele möchte Ihnen eine wichtige Botschaft mitteilen, die für Ihr weiteres Leben von großer Bedeutung sein kann. Der Brief möchte Sie darauf hinweisen, dass Sie auf die Signale Ihres Körpers und Ihres Unterbewusstseins achten sollten. Mit positiven Affirmationen können Sie Ihrem Geist Botschaften senden, die Ihnen bei der persönlichen Weiterentwicklung helfen. Es kann auch sein, dass Sie eine wichtige Nachricht aus Ihrer näheren Umgebung erhalten, welche zunächst für Irritationen sorgt. Im Nachhinein stellt sich diese Nachricht aber als hilfreich und sinnvoll heraus. Die Umgebungskarten geben Aufschluss darüber, welche Botschaft dahintersteckt.

Beziehungen:

Der gute alte Liebesbrief kann Wunder wirken. Ihr Partner wird sich sicherlich freuen, wenn er schwarz auf weiß Ihr Liebesgeständnis lesen kann. Noch dazu hält er eine wundervolle Erinnerung in Händen, die er aufbewahren kann. Sie können auch andere Menschen mit einem Brief erreichen, indem Sie Ihre Gefühle und Gedanken niederschreiben. Überreichen Sie den Brief einem Menschen, der Ihnen sehr am Herzen liegt. Er kann Sie so leichter verstehen, weil ein Brief viel persönlicher ist und Sie sich die Zeit dazu nehmen, ihn zu verfassen. Sie vergessen beim Briefeschreiben keine wichtigen Details, weil Sie mit Ruhe und Sorgfalt vorgehen. Briefe berühren und können sogar Streitigkeiten auflösen, wenn der Inhalt gefühlvoll verfasst wurde.

Botschaft:

Treten Sie mit Ihren Mitmenschen in Kontakt und führen Sie klärende Gespräche. Sie haben Gesprächsbedarf, den Sie nicht aufschieben sollten. Nehmen Sie sich genügend Zeit für eine Konversation und hetzen Sie nicht von einem Termin zum nächsten. Das zeugt von Respekt und zeigt, wie wichtig Ihnen Ihre Gesprächspartner sind.

Aufgabe:

Mit welchen Menschen kommuniziere ich gern und mit welchen eher weniger?

Gibt es momentan Probleme, die durch ein einfaches Gespräch aus der Welt geschafft werden könnten?

Wie kommuniziere ich mit anderen Menschen? Gehe ich dabei rücksichtsvoll und empathisch vor?

Welche Themen möchte ich keinesfalls ansprechen?

Gibt es etwas, worüber ich mit meinem Unterbewusstsein sprechen möchte?

Schreiben Sie sich selbst einen liebevollen Brief. Darin sollte enthalten sein, worauf Sie stolz sind und was Sie an sich lieben.

Herr

Der Herr wird als Signifikatorkarte bezeichnet. Das bedeutet, die fragestellende Person identifiziert sich mit dieser Karte, insofern sie ebenfalls männlich ist. Wenn die fragestellende Person weiblich ist, bezieht sich diese Karte auf männliche Mitmenschen wie zum Beispiel der Partner, Vater oder ein Freund. Die Karte allein ist eher neutral und verweist nur darauf, dass die fragestellende Person ihre männliche Seite entdecken sollte. Erst, wenn Umgebungskarten dazukommen, verändert sich die Bedeutung des Herrn und er gibt Aufschluss über die Situation. Der Herr symbolisiert demnach Männlichkeit, Macht und Herrschaft. Die Karte steht außerdem für Dominanz, Kraft und Disziplin. Befindet sich die Dame unter den Umgebungskarten geht es immer um die Beziehung zwischen einem Paar.

Bedeutung:

Wenn Sie etwas erreichen möchten, müssen Sie an Ihrer Motivation und Ihrer Einstellung arbeiten. Mit Ehrgeiz und Fleiß werden Sie erfolgreich sein. Allerdings auch nur dann, wenn Sie sich nicht ablenken lassen. Konzentrieren Sie sich auf Ihre Aufgabe und setzen Sie Ihre Ideen in die Tat um, selbst wenn Sie jemandem dabei auf den Schlips treten könnten. Sie müssen nun Ihren Mann stehen.

Beziehungen:

In der Partnerschaft kann es schonmal vorkommen, dass Sie männliche Verhaltensweisen an den Tag legen, obwohl Sie vielleicht eine Frau sind. Andersherum können Sie als Mann auch zu autoritär erscheinen. Zu starke männliche Verhaltensweisen können als forsch oder gefühlskalt wahrgenommen werden. Besser ist es, auch mal seine sensible Seite zu zeigen und auf dominantes Verhalten zu verzichten. Sie sind eine starke Persönlichkeit und möchten vor Ihrem Partner dieses Bild natürlich nicht beschädigen. Wenn Sie jedoch Schwäche zulassen, zeigt dies Ihrem Partner, dass auch Sie sensibel sein können. Sie müssen nicht immer so tun, als wären Sie unverwundbar.

Botschaft:

Sie tragen die Verantwortung für Ihr Leben. Wenn jemand die Macht hat neue Lebenswege einzuschlagen, dann sind Sie es. Werden Sie aktiv und erschaffen Sie sich das Leben, was Sie verdienen. Werden Sie zum Macher und stürzen Sie sich mutig in Ihr nächstes Abenteuer.

Aufgabe:

Welchen Bezug habe ich zur Männerwelt?

Bin ich momentan „Herr meiner Sinne“ und habe alles unter Kontrolle?

Wie sieht meine maskuline Seite aus?

Bin ich manchmal zu dominant und wenn ja, warum?

Wo fehlt es mir noch an Gleichgewicht?

Fragen Sie sich, wie zufrieden Sie mit sich als Frau oder Mann sind? Wo fühlen Sie sich unwohl?

Dame

Die Dame stellt das weibliche Pendant zum Herrn dar. Sie ist ebenfalls eine Signifikatorkarte der fragestellenden Person. Sie verkörpert Weiblichkeit, Mütterlichkeit und Natur. Das heißt, sie setzt sich mit der Natürlichkeit des Seins und der Entstehung des Lebens auseinander. Beeinflusst wird die Dame durch ihre Umgebungskarten und zeigt den Stand einer Beziehung mithilfe der Karte des Herrn an.

Bedeutung:

Sie müssen sich mit Ihrer weiblichen Seite vertraut machen. Manchmal haben Sie Gefühle und Gedanken, die Sie zurückhalten, weil diese Ihnen vielleicht peinlich oder unangenehm sind. Es ist daher wichtig, dass Sie zu sich selbst stehen und auch Ihre weiblichen Aspekte lieben lernen. Gefühle zu verbergen ist nicht von Vorteil, da Sie sonst von diesen Gefühlen irgendwann schmerzhaft überrollt werden. Jeder Mensch hat eine sensible Seite, die gehört werden möchte. Beginnen Sie damit, Ihrer Intuition mehr Beachtung zu schenken und vertrauen Sie auf Ihr Bauchgefühl. Nur so werden Sie glücklich werden.

Beziehungen:

Zeigen Sie Ihrem Partner doch einmal Ihre weibliche Seite und verstecken Sie Ihre Gefühle nicht. Schwäche zeigen hat nämlich nichts damit zu tun, dass Sie schwach sind. Im Gegenteil, wenn Sie Ihrem Partner mitteilen, was Sie gerade bedrückt, zeigt dies nur, wie mutig Sie sind. Ihr Partner wird Ihr Verhalten besser nachvollziehen können und die Ehrlichkeit verbessert zudem Ihre Bindung.

Botschaft:

Nehmen Sie Ihre Gefühle ernst und schämen Sie sich nicht dafür, wenn Sie beispielsweise weinen müssen, wenn Ihnen danach ist. Sie dürfen Emotionen zulassen und sollten lernen, sich selbst zu akzeptieren. Sie müssen sich für niemanden verstellen und brauchen auch keine Angst davor zu haben, dass Sie jemand nicht liebenswert findet. Es ist nicht Ihre Aufgabe, Everybody‘s Darling zu sein. Bleiben Sie sich selbst treu, das wirkt viel sympathischer und authentischer.

Aufgabe:

Welchen Bezug habe ich zur Frauenwelt?
Fühle ich mich unabhängig oder brauche ich jemanden an meiner Seite für mein absolutes Glück?
Wie sieht meine weibliche Seite aus?
Bin ich manchmal zu sensibel und wenn ja, warum?
Wie kann ich mehr Harmonie in mein Leben bringen?

Überlegen Sie, in welchen Situationen Sie zu hart mit sich ins Gericht gehen. Versuchen Sie Selbstzweifel zu eliminieren.

Lilien

Lilien werden in erster Linie als Todessymbol betrachtet. Alte Volksglauben besagen, dass auf den Gräbern der Toten Lilien wüchsen, wenn diese zu Unrecht in den Tod geschickt wurden. Lilien stehen aber auch für Reinheit, Licht, Unschuld und Macht. Noch heute ist die Lilie als königliches Emblem verbreitet. Zudem kann die Lilie Aufschluss über die eigene Sexualität geben und weist auf mögliche Disharmonien in Familie und Partnerschaft hin. Die Umgebungskarten zeigen auf, was die Lilien aussagen möchten.

Bedeutung:

Viel zu lange haben Sie Ihre eigenen Bedürfnisse vernachlässigt. Sie müssen sich wieder darauf konzentrieren, welche Sehnsüchte Sie besitzen und wie Sie diesen nachgehen können. Verabschieden Sie sich von Menschen und Dingen, die Ihnen Kraft rauben. Jetzt ist ein guter Zeitpunkt, um das eigene Leben zu entrümpeln. Danach werden Sie klarer sehen. Und wer weiß, vielleicht kommen dann auch neue Wünsche zum Vorschein, wenn Sie sich Ihrer Altlasten entledigt haben.

Beziehungen:

In der Liebe können Sie sich jetzt vollkommen fallen lassen und die Zweisamkeit genießen. So gilt die Lilie mit ihren weißen Blüten für unschuldige Sehnsucht und verbindet mit ihrem phallusartigen Fruchtstempel wiederum Leidenschaft und Erotik. In Ihrer Beziehung wird es jetzt richtig knistern und Sie können sich der Liebe mit allen Sinnen hingeben.

Botschaft:

Nehmen Sie sich Zeit, um die Schönheit Ihres Lebens nicht zu verpassen. Vergeuden Sie Ihre Lebenszeit nicht mit unbedeutenden Sorgen oder Groll. Kosten Sie jeden Moment aus und setzen Sie auf das bewusste Erleben der Kostbarkeiten im Alltag.

Aufgabe:

Gibt es derzeit Probleme, die geklärt werden müssen?
Bin ich dazu imstande die Angelegenheiten selbst zu klären oder benötige ich Hilfe?
Welche Belastungen stören meinen inneren Frieden?
Wonach sehnt sich meine Seele?
Welchen Luxus möchte ich mir gönnen und auf welchen Luxus kann ich gut verzichten?

Befreien Sie sich von Kummer und Sorgen, indem Sie öfter Auszeiten für sich einplanen, bei denen Sie sich mit wohltuenden Aktivitäten belohnen. (z. B. eine Wellnessbehandlung)

Sonne

Mit der Sonne werden Heiterkeit, Frohsinn, Optimismus und Glück assoziiert. Sobald die Strahlen der Sonne die Erde erreichen, erwacht die Natur zum Leben. Pflanzen brauchen die Sonne, um heranzuwachsen und Mensch und Tier profitieren von ihr, wenn es um die Gesundheit geht. Die Sonne repräsentiert die Quelle des Lebens und spendet Licht und Wärme. Sie fördert Motivation, Kreativität und positives Denken. Zudem steht sie für Fruchtbarkeit, Auferstehung und Neubeginn. Im Lenormand sagt die Karte aus, dass glückliche Zeiten anstehen und alle Vorhaben gelingen werden.

Bedeutung:

Sie stehen auf der Sonnenseite des Lebens und nichts kann Ihnen die Laune verderben. Wenn Sie die Sonne als einzelne Karte gezogen haben, wird das Glück Ihr dauerhafter Begleiter sein. Im Job läuft es für Sie besonders rund. Projekte schließen Sie mit Leichtigkeit ab und bekommen noch dazu ein wohlverdientes Lob von Ihren Kollegen und Ihrem Chef. Sie werden merken, dass sich Ihre Wahrnehmung verändert und Sie sich für die glückseligen Momente öffnen können. Das verschafft Ihnen Glücksgefühle und Sie fühlen sich, als könnten Sie Bäume ausreißen.

Beziehungen:

Schenken Sie Ihrem Partner die volle Aufmerksamkeit. Sie werden Ihre Gefühle jetzt noch intensiver erleben. Bringen Sie Ihre Liebe unbedingt zum Ausdruck, besonders dann, wenn Ihnen bewusst wird, wie stark Ihre Gefühle geworden sind. Die Sonne beflügelt Ihre Sinne und Sie werden in der Partnerschaft sehr kreativ, was sehr viel Harmonie zur Folge hat.

Botschaft:

Denken Sie optimistisch und lassen Sie sich nicht von etwas Schatten die Laune verderben. Das Leben hat seine dunklen und sonnigen Seiten. Sorgen Sie dafür, dass Sie selbst nicht nur im Schatten wandeln. Genießen Sie vielmehr Ihr Glück und erfreuen Sie sich an den strahlenden Momenten. Die Sonne ist nicht immer zu sehen, aber sie ist immer da. So sollten Sie auch über Ihr Leben denken. Manchmal vergisst man, wie glücklich man sich schätzen kann.

Aufgabe:

Welche Herausforderungen habe ich schon gemeistert?
Wie kann ich mein Selbstvertrauen und mein Selbstbewusstsein stärken?
Wie wirke ich auf andere Menschen? Kann ich andere Menschen emotional wieder aufbauen? Was sind die Sonnenseiten meines Lebens?
Fühle ich mich momentan geborgen und wohl in meiner Haut?

Wenn sich bei Ihnen regelmäßig negative Gedanken zeigen, sollten Sie mit positiven Affirmationen dagegen vorgehen.

Mond

Der Mond steht für den regelmäßigen Zyklus des Lebens. Er symbolisiert Wandlung und Rückbesinnung, da er sich in den verschiedenen Mondphasen langsam verändert und schlussendlich wieder zu seiner Ursprungsgestalt zurückfindet. Anhand des Mondkalenders haben sich die Menschen an ihm orientiert und das alltägliche Handeln und Arbeiten nach ihm ausgerichtet. Ebbe und Flut werden von ihm ebenso beeinflusst wie die Tiere. Er erhellt die Nacht für Mensch und Tier, ist gleichzeitig aber auch ein Symbol für das Weibliche. Er steht für Unterbewusstsein, Lebensrhythmen, Gefühle, Schutz und Erkenntnisse. Zudem verweist er auf das Seelenleben und die eigene Psyche.

Bedeutung:

Sie werden von Ihren Gefühlen eingeholt und es wäre ratsam, wenn Sie diesen Gefühlen genügend Raum geben. Beschäftigen Sie sich mit Ihren Gedanken, Ihren Wünschen und Ihren Bedürfnissen. Schreiben Sie Ihre Gedanken nieder und lassen Sie auch negative Emotionen zu. Ihr Geist benötigt eine Pause und möchte sich von Kummer und Sorgen befreien. Ein Gespräch mit Freunden kann erleichternd sein und Sie emotional wieder aufbauen. Ihre Launen können schwanken und große Gefühle erschweren Ihnen das alltägliche Dasein.

Beziehungen:

Es kann zu einem Wechselbad der Gefühle kommen, weil Sie sich manchmal selbst nicht leiden können. Lassen Sie Ihren Frust nicht an Ihrem Partner aus. Sprechen Sie sich den Kummer lieber von der Seele und beziehen Sie Ihren Partner bei wichtigen Entscheidungen mit ein. Wenn sich ein Streit anbahnt, versuchen Sie sich zurückzuhalten und vertagen Sie das Gespräch auf einen günstigeren Zeitpunkt.

Botschaft:

Verlassen Sie sich auf Ihr Bauchgefühl, wenn Sie vor einer schwierigen Entscheidung stehen. Nicht immer kann Ihnen Rationalität dabei helfen, ein Problem zu lösen. Intuitiv werden Sie wissen, was zu tun ist. Selbst, wenn Sie mit starken Stimmungsschwankungen zu kämpfen haben, werden Sie den richtigen Weg einschlagen. Das Herz ist dem Verstand in dieser Hinsicht weit voraus. Vertrauen Sie auf Ihre Fähigkeiten und haben Sie keine Angst vor Niederlagen.

Aufgabe:

Welche emotionalen Schwierigkeiten habe ich momentan?

Was möchte mir mein Unterbewusstsein mitteilen?

Was möchten mir meine Träume mitteilen?

Welche Bedürfnisse und Wünsche habe ich schon länger unterdrückt?

Habe ich mit Gefühlsschwankungen zu kämpfen und wenn ja, woran liegt das?

Beschäftigen Sie sich intensiver mit Ihren Träumen und versuchen Sie diese zu deuten. Dabei kann Ihnen ein Traumtagebuch helfen.

Schlüssel

Mit einem Schlüssel kann man Verborgenes hervorholen und ebenso wieder wegsperren. Im Lenormand steht der Schlüssel für Erfolg, Stabilität, Chancen, Talente und Gewissheit. Er sorgt dafür, dass man mit etwas abschließen oder neue Türen im Leben öffnen kann. Der Schlüssel symbolisiert auch die Macht, die wir Menschen besitzen, unser Leben so zu gestalten, wie wir es uns erträumen. Das heißt, wir halten den Schlüssel für unser persönliches Glück in den Händen.

Bedeutung:

Sie haben die Chance, etwas zu verändern. Öffnen Sie sich für neue Ansichten, Ideen und Lösungen, werden sich Ihre Probleme in Luft auflösen und Sie erhalten Zugang zu neuen Möglichkeiten. Lassen Sie sich von Blockaden nicht entmutigen und glauben Sie an Ihre Talente. Jedes Projekt, dass Sie anstreben, wird sich positiv entwickeln und Ihre Motivation aufrechterhalten. Ihre Talente sind ein großer Schatz, auf den Sie jedes Mal zurückgreifen sollten, wenn Sie nicht mehr weiter wissen.

Beziehungen:

Schon bald wird sich eine Person herauskristallisieren, die den Schlüssel zu Ihrem Herzen bereithält. Es mag sein, dass sich diese Person schon länger in Ihrer näheren Umgebung befindet, Sie diese Person aber bis jetzt noch nicht bemerkt haben. Das ändert sich schlagartig, sobald Sie Ihr Herz für die Liebe öffnen. Vielleicht gibt es auch eine Person, mit der Sie ein freundschaftliches Verhältnis haben. Diese Freundschaft kann sich, wenn Sie es zulassen, zu einer Seelenverwandtschaft entwickeln.

Botschaft:

Schließen Sie mit der Vergangenheit ab und fokussieren Sie sich auf das Hier und Jetzt. Schließt sich die eine Tür, öffnet sich automatisch eine neue für Sie. Blicken Sie nicht auf Rückschläge oder Niederlagen zurück. Sie verschwenden damit Ihre Zeit. Wenn Sie sich auf das Wesentliche konzentrieren, wird vielleicht sogar der ein oder andere Wunsch in Erfüllung gehen. Handeln Sie effizient und setzen Sie den passenden Schlüssel ein, um Ihre Ziele zu erreichen.

Aufgabe:

Was ist der Schlüssel für die Lösung all meiner Probleme?
Gibt es Dinge oder Menschen, mit denen ich abschließen muss?
Was ist der Schlüssel zu meinem Erfolg?
Welche Strategie habe ich, um Konflikte sinnvoll zu lösen?
Welche Türen öffnen sich mir, wenn ich mich anders verhalte?

Nehmen Sie sich für Ihre Zukunft etwas ganz Besonderes vor, dass Sie auch bis zum Ende durchhalten und abschließen.

Fische

Fische tauchen ab in die Tiefen des Wassers und erreichen dort verborgene Orte. Sie stehen für die geistigen und seelischen Abgründe des Menschen, sowie für Intuition, Reichtum und Wohlstand. Der Fisch wird auch als Repräsentant für die eigene Lebenskraft angesehen und spiegelt den Zustand des Unterbewusstseins wider. Er gilt als zurückhaltend und melancholisch. Bezogen auf den Menschen weisen Fische immer daraufhin, dass sich im Unterbewusstsein etwas befindet, das an die Oberfläche gelangen sollte.

Bedeutung:

Sie legen ein Verhalten an den Tag, dass Sie so nicht zeigen würden. Damit hängen unterdrückte Gefühle zusammen, die schon länger in Ihrem Innern brodeln. Ein Traum kann Ihnen beispielsweise über tief verankerte Sorgen Aufschluss geben, die Sie lange Zeit verdrängt haben. Sie werden sich vor Ihren Ängsten und vor Ihrem Kummer nicht länger verstecken können. Ihr innerer Konflikt drängt sich immer mehr an die Oberfläche und möchte gelöst werden.

Der Fisch kann aber auch ein Vorbote für finanziellen Wohlstand sein. Die Umgebungskarten zeigen auf, in welcher Hinsicht der Fisch zu deuten ist.

Beziehungen:

Umgeben Sie sich mit Menschen, mit denen Sie auf derselben Wellenlänge schwimmen. Das reduziert Streitereien und Missverständnisse. In der Liebe sollten Sie die Botschaften Ihres Unterbewusstseins entschlüsseln. Sie könnten Gefühle für jemanden hegen, wollen sich diese Gefühle aber vielleicht nicht eingestehen. Gehen Sie der Sache auf den Grund und seien Sie ehrlich zu sich selbst. Ihr Herz wird Ihnen den richtigen Weg weisen.

Botschaft:

Kümmern Sie sich unbedingt um Ihre finanzielle Situation. Wenn Sie Reichtum anstreben, müssen Sie auch etwas dafür tun und sollten nicht darauf vertrauen, dass sich Ihre Finanzen von selbst regeln. Reichtum muss aber nicht immer von materieller Natur sein, damit kann auch geistiger Reichtum gemeint sein. Finden Sie für sich heraus, welcher Reichtum Ihr Leben bereichern kann, und beginnen Sie noch heute mit der Umsetzung.

Aufgabe:

Wie kann ich etwas für meine Seele tun?

Welche Rolle spielt der Glaube für mich? Interessiere ich mich für Religion und Spiritualität?

Gibt es in mir verborgene Gefühle, die an die Oberfläche wollen?

Wie sehen meine Finanzen aus?

Sehne ich mich nach Wohlstand oder habe ich bereits alles, was ich brauche?

Welche Träume sind mir im Gedächtnis geblieben?

Gibt es schmerzhafte Erinnerungen, die mich noch heute belasten?

Beschäftigen Sie sich mit Ihrem inneren Kind und versuchen Sie negative Erfahrungen aus der Kindheit aufzuarbeiten, damit diese Sie in Zukunft nicht mehr belasten werden.

Anker

Wenn ein Schiff in den Hafen einläuft und seinen Anker wirft, begibt es sich in eine sichere und vertraute Umgebung. Der Anker steht somit für Stillstand, Heimat, Sesshaftigkeit, Halt und Ruhebereich. Er beendet jegliches Abenteuer und sorgt für die Heimkehr. Im Lenormand zeigt er an, dass ein zufriedenes und wohlhabendes Leben auf denjenigen wartet, der sich in den sicheren Hafen der Familie begibt. Schwierigkeiten können drohen, wenn bestimmte Umgebungskarten wie beispielsweise der Sarg gezogen werden. Hier können gesundheitliche Herausforderungen hinzukommen. Der Anker ist dennoch ein positives Symbol für Zuversicht sowie für Hoffnung und kann die Chance auf neue Erfahrungen ermöglichen.

Bedeutung:

Werden Sie sich darüber im Klaren, wo Ihre Wurzeln liegen. Greifen Sie auf Ihren sicheren Hafen zurück, wenn Ihnen alles zu viel wird. Möchten Sie aber mehr von der Welt entdecken, müssen Sie von Zeit zu Zeit Ihren Anker lichten und sich in ferne Länder begeben. Damit ist gemeint, dass Sie sich trauen sollten, neue Wege einzuschlagen und auch trotz aller Risiken spontane Entscheidungen zu fällen. Sie sind unzufrieden mit Ihrem Job? Dann sollten Sie sich schleunigst nach einer Alternative umsehen. Ihnen wird Ihre Beziehung zu langweilig? Dann sorgen Sie für Abwechslung und organisieren Sie einen spannenden Ausflug. Alltägliche Routinen mögen Ihnen zwar Sicherheit geben, aber Abenteuer werden Sie mit dieser Einstellung nicht erleben.

Beziehungen:

Treue ist ein großes Thema in Ihrer Beziehung. Sie ist der Anker, der für Vertrauen, Halt und Sicherheit sorgt. Löst sich der Anker, weil eine dritte Person in Ihren Fokus gerät, steht Ihre gesamte Beziehung auf dem Spiel. Überlegen Sie genau, ob Sie Ihre Beziehung für einen kurzen Spaß gefährden wollen. Kriselt es derzeit zwischen Ihnen beiden, lassen Sie sich nicht auf externe Verführungen ein. Lösen Sie lieber Ihre Beziehungsprobleme und richten Sie Ihren Anker neu aus.

Botschaft:

Sie haben ein starkes Bedürfnis nach Sicherheit. Vermeiden Sie, Risiken einzugehen, wenn Sie dazu nicht bereit sind. Bleiben Sie lieber in Ihrem sicheren Hafen und verlassen Sie diesen erst, wenn Sie den Mut dazu haben. Sie haben alle Zeit der Welt und müssen sich auf keinen Fall hetzen. Gehen Sie mit Bedacht vor und wägen Sie das Für und Wider ab.

Aufgabe:

Welche Menschen oder Dinge sind mein persönlicher Anker?

Was schenkt mir Hoffnung, wenn es mal nicht so gut läuft?

Was bedeuten Treue und Loyalität für mich?

Wo fühle ich mich zu Hause?

Wo befindet sich mein sicherer Bezugspunkt im Leben?

Investieren Sie Zeit in sich selbst. Suchen Sie sich ein Hobby, welches Ihnen Sicherheit und Halt gibt.

Kreuz

Mit dem Kreuz wird in erster Linie der Glaube zu Gott assoziiert. Es ist eines der ältesten Symbole und besitzt zahlreiche Bedeutungen. Hauptsächlich steht es für Prophezeiung, Offenbarung, Schmerz, Leidensweg, Tod und Erlösung. Da das Kreuz vier Enden aufweist, die in verschiedene Richtungen zeigen, wird das Kreuz auch als Symbol für die vier Himmelsrichtungen angewandt. Ebenso deutet die obere Spitze auf den Himmel und die untere auf die Hölle hin. Das heißt, das eine kann ohne das andere nicht existieren. In umgedrehter Form wird das Kreuz mit dem Teufel in Verbindung gebracht und repräsentiert das unverzeihliche Böse. Das Kreuz ist, in welcher Form auch immer, eine Verbindung zu höheren Mächten, die uns Menschen den Weg weisen.

Bedeutungen:

Jeder Mensch trägt sein eigenes Kreuz und oft ist die Last so schwer, dass man unter ihr zusammenbricht. Wenn Sie sich momentan gestresst und überfordert fühlen, sollten Sie über eine Auszeit nachdenken. Vielleicht wird Ihnen auch bewusst, welche Fehler zu Ihrem jetzigen Gemütszustand geführt haben, sodass Sie diese Fehler in der Zukunft vermeiden können. Wehren Sie sich nicht gegen unvermeidliche Tätigkeiten oder Ereignisse. Sie sind unaufhaltsam und mit Ihrem Karma verbunden. Dennoch sollten Sie den eigenen Druck reduzieren, um nicht völlig die Fassung zu verlieren. Ihr Ehrgeiz könnte Ihnen sonst schnell zum Verhängnis werden.

Beziehungen:

Sie kommen an Ihre Grenzen und werden sich damit auseinandersetzen müssen, ob Sie Ihre Beziehung noch weiterführen möchten. Halten Sie nicht an etwas fest, was schon vor langer Zeit in die Brüche gegangen ist. Möglicherweise möchten Sie sich nicht eingestehen, dass Sie nur noch eine Fassade aufrechterhalten, die langsam einzustürzen droht. Es ist besser, einen Schlussstrich zu ziehen und den Schmerz zu akzeptieren, als sich jeden Tag aufs Neue mit negativen Gefühlen herumzuplagen. Auch für Ihren Partner kann eine Trennung eine Befreiung sein. Denken Sie darüber nach, wie Sie vorgehen möchten.

Botschaft:

Eine herausfordernde Zeit bricht an. Sie werden einige Hindernisse überwinden müssen. Leider ist es nicht möglich diesen Schritt zu überspringen, da die Ereignisse wichtig für den Verlauf Ihres Schicksals sind.
Nach dieser anstrengenden Phase werden Sie aber gestärkt daraus hervorgehen und zukünftige Krisen können Ihnen dann kaum mehr etwas anhaben. Vertrauen Sie auf das Schicksal, alles wird Sinn ergeben.

Aufgabe:

Welche unnötigen Belastungen trage ich zurzeit mit mir herum?
Wie kann ich mir mein Leben erleichtern?
Welche Prüfungen liegen vor mir und was kann mir helfen diese zu bestehen?
Welche Meinung vertrete ich und wobei lasse ich mir nicht hereinreden?
Muss ich meinen Lebensweg überdenken?

Machen Sie sich bewusst, welchen Schmerz Sie in Ihrem Leben erfolgreich überstanden haben. Sprechen Sie sich Mut zu und glauben Sie an Ihre Stärke.

ZUSATZKARTEN

Mittlerweile gibt es bei einigen Versionen der Lenormand-Karten sogenannte Zusatzkarten. Diese Karten dienen dazu, das klassische Lenormand zu erweitern und die Symbolik in einem ganz neuen Licht erscheinen zu lassen. Die neuen Karten revolutionieren das klassische Lenormand und setzen die altbekannten Symbole in einen völlig neuen Kontext. Das kann mitunter eine sehr spannende Legung herbeiführen. Es gibt beispielsweise auch Austauschkarten für Dame und Herr, damit sich die fragestellende Person besser mit der Signifikatorkarte identifizieren kann. Die Lenormand-Karten sind somit modernisiert worden, was die Bedeutungsstrukturen stark verändern kann.

Man muss hier jedoch anmerken, dass die Zusatzkarten nicht einheitlich aufeinander abgestimmt sind. Das bedeutet, einige Hersteller haben somit verschiedene Zusatzkarten auf den Markt gebracht, was für Anfänger sehr verwirrend sein kann. Empfehlenswert ist es daher, sich anfangs ausschließlich mit der klassischen Variante zu beschäftigen und die ursprünglichen 36 Lenormand-Karten zu verinnerlichen. Zum einen, werden Sie in Ihrer Legepraxis sicherer und zum anderen, bauen Sie sich ein solides Fundament auf, um im Anschluss neue Symboliken erlernen zu können. Gerade, wenn Sie mit Lenormand beginnen, sollten Sie zunächst die Basics beherrschen, bevor Sie weitere Karten dazunehmen. Wenn Sie dennoch Interesse an der Arbeit mit Zusatzkarten haben, studieren Sie die Bedeutungen anhand der beiliegenden Erklärungen des Herstellers sorgfältig. Teilweise werden Ihnen auch erweiterte Legesysteme erklärt. Sind Sie in der Handhabung unsicher oder überfordert, beschränken Sie sich zunächst auf die klassische Variante. Mit der Zeit werden Sie auch die Zusatzkarten verstehen und in Ihre Legungen einbauen können. Bewusst wird in diesem Buch auf eine Aufzählung der Zusatzkarten verzichtet, um den Fokus auf das eigentliche Lenormand-Kartendeck zu richten.

KOMBINATIONSDEUTUNGEN

Jetzt, wo Sie sich mit den Einzelbedeutungen der Lenormandkarten vertraut machen konnten, folgen die Kombinationsdeutungen. Lenormandkarten besitzen zwar für sich eine Grundbedeutung oder stehen symbolisch für eine besondere Botschaft. Allerdings sagt eine Karte wenig aus, wenn diese Karte für sich alleinsteht. Erst in Kombination mit anderen Karten wird es interessant. Sie erfahren viel über sich oder über andere Personen, wenn Sie verstehen, wie sich die Karten untereinander beeinflussen. Wenn Sie beispielsweise den Hund ziehen, sagt diese Karte nur aus, dass es sich bei der Deutung um eine Freundschaft handelt. Was aber genau dahintersteckt, wissen Sie nicht. Kommt jetzt beispielsweise die Karte der Mäuse hinzu, weist diese Kombination auf den möglichen Verlust eines Freundes hin. Ohne die Mäuse-Karte würden die genauen Hintergründe demnach nicht geklärt werden und Sie würden sich eventuell verzetteln. Nachfolgend finden Sie zu allen 36 Karten eine kleine Auswahl der wichtigsten Kombinationsdeutungen. Bewusst wurde darauf verzichtet, alle 36 Deutungen pro Karte aufzuzählen, da dies jeglichen Rahmen sprengen würde. Wenn Sie bei den untenstehenden Deutungen nicht fündig werden sollten, lesen Sie sich die Grundbedeutung der jeweiligen Karten noch einmal genau durch. Sicherlich werden Sie sich dann die Bedeutung selbst erschließen können.

Hier geht's zu den wichtigsten Kombinationsdeutungen:

https://bit.ly/451aZhy

Deutungstechnik

In der Praxis gibt es mehrere Deutungstechniken, mit deren Hilfe Sie Antworten auf Ihre Fragen erhalten. Welche Sie für sich als praktikabel erachten, müssen Sie allerdings selbst herausfinden. Beginnen Sie mit einfachen Legemustern, wie die Dreier Kombination, damit Sie in die Welt des Kartenlegens hineinfinden. Zudem werden Sie sich von der Bilderflut überfordert fühlen, wenn Sie direkt mit der großen Tafel beginnen möchten. Fangen Sie klein an und steigern Sie sich, wenn Sie bei den einfachen Legemustern sicherer werden. Noch dazu sollten Sie sich nicht entmutigen lassen, wenn Sie nicht sofort die Bedeutungen hinter den Karten entschlüsseln können. Lenormand erfordert viel Übung und Konzentration. Bleiben Sie deshalb geduldig und begeben Sie sich auf eine interessante und ehrliche Reise mit den Lenormand-Karten, indem Sie offen und unvoreingenommen die Karten auslegen. Nachfolgend finden Sie die typischen Legemuster und was Sie dazu alles beachten sollten.

Wichtiger Tipp für die Durchführung der Legung:
Vermeiden Sie anfangs Ja oder Nein-Fragen. Diese Art der Fragen sind für die Deutung im Lenormand nicht vorgesehen und können kaum bis gar nicht beantwortet werden. Lenormand-Karten stellen kein Auswahlverfahren dar und beziehen sich auf umfassendere Antworten. Offene Formulierungen oder Fragen eignen sich am besten, um Raum für Interpretationen zu schaffen. Außerdem bieten Ja oder Nein-Fragestellungen keine Lösungsansätze, sie schließen ein Thema eher ab, als es zu durchleuchten. Stellen Sie Ja oder Nein-Fragen deshalb nur, wenn die Legetechnik, dafür vorgesehen ist. Andernfalls werden Sie keine zufriedenstellenden Ergebnisse erzielen.

TAGESKARTEN

Die einfachste Methode der Kartenlegung ist das Ziehen einer Tageskarte. Diese Art der Deutung eignet sich besonders für Anfänger und Einsteiger, welche sich noch nicht an Kombinationsdeutungen heranwagen. Die Tageskarte wird einzeln gezogen und wird von keiner weiteren Karte beeinflusst. Sie ist der Ausblick des Tages und dient dazu, ein Motto oder ein bestimmtes Thema für den laufenden Tag festzulegen. Das Praktische hierbei ist, dass Sie keinen hohen Zeitaufwand haben, sich aber dennoch intensiv mit einem Thema befassen können. Das Symbol oder die letztendliche Deutung zieht sich dann wie ein roter Faden durch Ihren gesamten Alltag. Mithilfe der Tageskarte können Sie sich auf den Tag einstimmen und sich mit weniger präsenten Themengebieten beschäftigen. Oft geraten viele Dinge aus dem eigenen Fokus, weil die Zeit dazu fehlt oder man durch andere Dinge abgelenkt wird. Mit der Tageskarten-Methode gelingt es das eigene Bewusstsein zu schärfen und sich mit dem eigenen Unterbewusstsein zu verbinden.

Themen und Anlässe:

Nahezu alle Themengebiet lassen sich mittels Tageskarte befragen. Die einzige Einschränkung ist die Beziehung zu anderen Personen. Da sich die Tageskarte nur auf einen speziellen Bereich bezieht, kann sie keine Empfehlungen oder Weissagungen bezüglich sozialer Verbindungen aufzeigen. Sie weist Ihnen eine bestimmte Richtung, geht dabei aber nicht auf Interaktionen oder Geschehnisse ein. Dazu bedarf es dann eher einer Kombinationsdeutung. Trotzdem kann Sie die Tageskarte sehr gut zu Themen wie Liebe, Partnerschaft, Freundschaft, Familie, Job und Lebensalltag beraten. Die Deutungen fallen jedoch allgemeiner aus.

Beispiel:
Sie ziehen als Tageskarte den Baum. Unabhängig von Ihrer Fragestellung deutet der Baum auf Ihren Gesundheitsstatus, Ihr Lebensglück und auf Ihre Wünsche hin. Die Kernaussage der Karte, wenn diese für sich alleinsteht, verweist sie auf einen achtsamen Umgang mit Ihren Bedürfnissen und Ihrem Wohlbefinden. Bezogen auf den Tag, heißt das, dass Sie sich Auszeiten nehmen und genauer auf die Signale Ihres Körpers achten sollten. Nicht nur die körperliche, sondern auch die psychische Gesundheit steht an diesem Tag im Vordergrund. Vielleicht werden Ihnen auch verborgene Wünsche bewusst, die Sie schon lange mit sich herumtragen, aber nie getraut haben zu verwirklichen. Jetzt wäre ein guter Zeitpunkt gekommen, diese Wünsche zu realisieren oder zumindest einen Plan für die Verwirklichung zu erarbeiten.

Die Tageskarte beschert Ihnen wichtige Impulse für den Tag. Sie hilft Ihnen dabei, Ihr gesamtes Potenzial auszuschöpfen. Wenn Sie eine offene Fragestellung bereithalten, wird Ihnen die Tageskarte eine noch klarere Antwort liefern.

Bevor Sie Ihre persönliche Tageskarte ziehen, sorgen Sie dafür, dass Sie sich in einer ruhigen Umgebung befinden. Auch Sie selbst sollten sich vorher durch eine Meditation oder Atemtechnik entspannen. Mischen Sie Ihr Kartendeck gut durch und nehmen Sie Verbindung zu Ihren Karten auf. Spüren Sie, wie diese durch Ihre Hände gleiten und vielleicht kristallisiert sich schon jetzt eine besondere Karte heraus, die Sie ziehen möchten. Formulieren Sie eine offene Frage, während Sie die Karten verdeckt in der Hand hin und her schieben. Offene Fragen sind Fragen, die nicht mit Ja oder Nein beantwortet werden können.

- Worauf sollte ich heute achten?
- Was bringt mir der heutige Tag?
- Welches Thema wird mich heute beschäftigen?
- Wie kann ich meine Situation verbessern?

Dies sind nur einige beispielhafte Fragen, welche Sie vor der Auswahl Ihrer Tageskarte stellen könnten. Es gibt unzählige Möglichkeiten. Sie können auch spezifischere Fragen stellen. Aber auch diese sollten möglichst offen formuliert sein, um die Bedeutung dahinter verstehen zu können.

Beispiel:

- Wie wird mein Arbeitstag verlaufen?
- Welche Probleme muss ich heute lösen?
- Was ist meine Herausforderung des Tages?

Wenn Sie Ihre Frage formuliert haben, ziehen Sie Ihre Tageskarte und betrachten diese ausgiebig, bevor Sie die Bedeutung dahinter nachlesen. Notieren Sie sich Ihre Gefühle und Gedanken zu der Karte und beginnen Sie anschließend die Deutung zu studieren.

Tageskarten müssen nicht zwingend morgens gezogen werden. Sie können auch abends eine Karte ziehen und diese als Rückbesinnung für den Tag nutzen. Allerdings haben Sie dann keine Möglichkeit auf das Tagesgeschehen einzuwirken, was bei negativen Deutungen äußerst hilfreich sein kann.

ZWEIER KOMBINATION

Wenn Sie schon etwas fortgeschrittener sind, und die Grundbedeutungen der Lenormand-Karten verinnerlicht haben, können Sie mithilfe der Zweier Kombination komplexere Deutungen durchführen. Bei der Zweier Kombination geht es darum, dass zwei Karten nebeneinandergelegt werden und aufeinander aufbauen. Die Grundbedeutungen der Karten verändern sich und können sogar vom Positiven ins Negative wandeln und umgekehrt. Das heißt, wenn beispielsweise die Karte Sonne in der Einzelbedeutung auf Heiterkeit hindeutet, kann sie in Kombination mit der Karte Fuchs negativer gedeutet werden. Der Fuchs weist demnach auf einen Mangel an Energie und Erfolg hin.

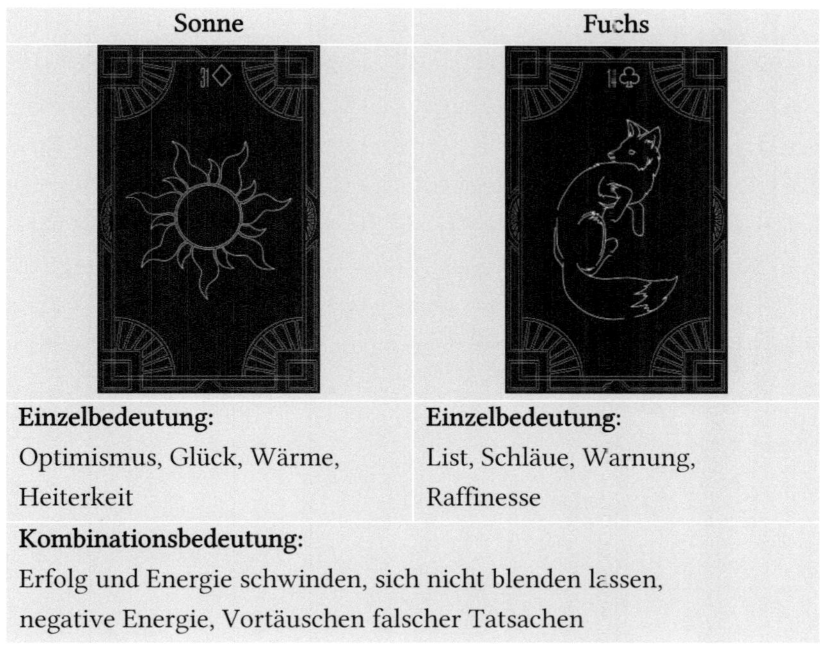

Sonne	Fuchs
Einzelbedeutung: Optimismus, Glück, Wärme, Heiterkeit	**Einzelbedeutung:** List, Schläue, Warnung, Raffinesse
Kombinationsbedeutung: Erfolg und Energie schwinden, sich nicht blenden lassen, negative Energie, Vortäuschen falscher Tatsachen	

Bei der Deutung der Zweier-Legung können Ihnen die zuvor beschriebenen Kombinationsdeutungen des letzten Kapitels behilflich sein.

Sie können auch mit der Signifikatorkarte, also dem Herrn oder der Dame als Ausgangskarte, eine Zweier-Kombination legen. Dazu legen Sie den Herrn bereit, wenn Sie ein Mann sind und die Dame, wenn Sie eine Frau sind. Die Karte, die Sie im Anschluss ziehen, hat Einfluss auf Ihre Persönlichkeit und Ihre Situation.

Themen und Anlässe:

Die Zweier-Kombination ist sehr gut geeignet, um eine weitreichendere Deutung zu erhalten. Besonders, wenn es um Beziehungen geht, kann die Zweier Kombination mögliche Lösungsansätze liefern. So können die Karten auch dazu genutzt werden, um sich stärker mit dem eigenen Unterbewusstsein auseinanderzusetzen. Sie können dafür konkrete Fragen stellen oder allgemein um Rat bitten.

Beispiel:

Als Kombinationsdeutung haben Sie den Berg und den Weg vor sich liegen. Der Berg steht einzeln für Anstrengung und das Erreichen ihres Ziels. Der Weg deutet auf Entscheidungen hin. In Kombination möchten Ihnen die Karten mitteilen, dass es auf Ihrem Weg zum Ziel viele Aufgaben gibt, die Sie bestehen müssen. Auch versperrt Ihnen der Berg womöglich die Sicht, wodurch Sie nicht wissen, welchen Weg Sie wählen sollen. Es kann zu Verzögerungen kommen und Sie müssen eventuell sogar über Alternativen nachdenken. Das heißt, Sie können Ihr Ziel nur über Umwege erreichen.

DREIER KOMBINATION

Eine gute Erweiterung der Tageskarte stellt die Dreier Kombination dar. Dieses Legesystem ist ebenfalls für Anfänger geeignet und bietet zudem eine Art persönliche Geschichte, die mithilfe der Karten erzählt werden kann. Sie können die Karten entweder von links nach rechts, von der Tageskarte beginnend oder von rechts nach links lesen. An der Bedeutung wird sich schlussendlich nichts ändern.

Die Tageskarte bildet das Fundament in der Mitte. Links und rechts von der Tageskarte wird jeweils eine weitere Karte dazugelegt. Die erste Karte links von der Tageskarte steht für Ihre Vergangenheit. Die Tageskarte in der Mitte steht für die Gegenwart und die rechte Karte für die Zukunft. Der Hauptfokus liegt auf der mittleren Karte, da sie das Hier und Jetzt repräsentiert und den Ausgangspunkt bildet. Die Karten links und rechts von ihr werden zusammenhängend betrachtet und ergeben das Gesamtbild.

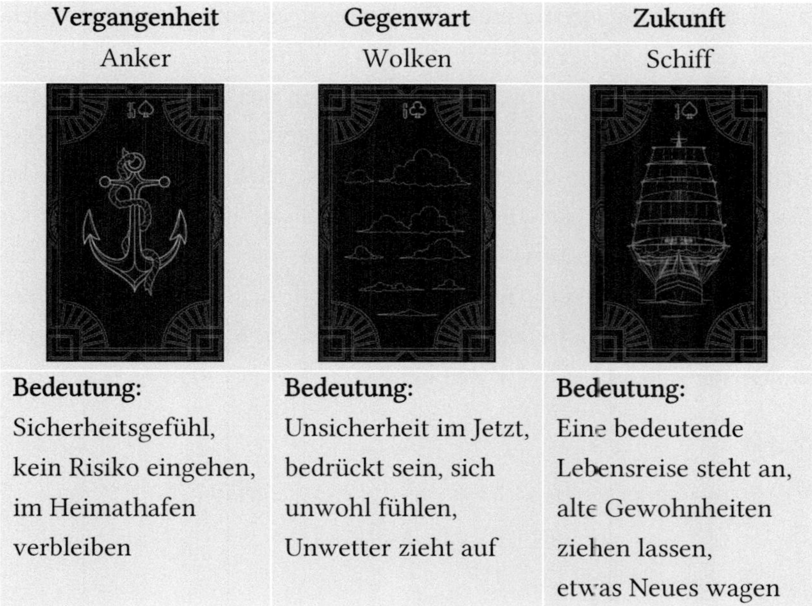

Vergangenheit	**Gegenwart**	**Zukunft**
Anker	Wolken	Schiff
Bedeutung: Sicherheitsgefühl, kein Risiko eingehen, im Heimathafen verbleiben	**Bedeutung:** Unsicherheit im Jetzt, bedrückt sein, sich unwohl fühlen, Unwetter zieht auf	**Bedeutung:** Eine bedeutende Lebensreise steht an, alte Gewohnheiten ziehen lassen, etwas Neues wagen

Sie ziehen die Karten Anker für die Vergangenheit, Wolken für die Gegenwart und Schiff für die Zukunft. Wenn Sie die Karten genauer betrachten, werden Sie feststellen, dass Sie in der Vergangenheit kaum Chancen ergriffen haben. Sie wollten kein Risiko eingehen und fühlen sich demnach in der Gegenwart nicht wohl. Der Himmel verdüstert sich und die Sicht auf Ihr Ziel wird von aufkommenden Wolken verdeckt. Frustration und ein Mangel an Selbstvertrauen machen sich breit. Die Zukunft zeigt Ihnen dennoch, dass die Lösung für Ihr Problem eine bevorstehende Veränderung sein kann. Eine wichtige Reise, die Sie antreten müssen, damit Sie glücklich werden und im Leben vorankommen. Dafür müssen Sie aber die Vergangenheit ruhen lassen und sich in ein Abenteuer stürzen. Die Zeit ist gekommen, sich mutig in neues Terrain zu wagen.

Themen und Anlässe:
Die Dreier Kombination behandelt Ihre persönliche Entwicklung. Dabei greifen Sie auf Vergangenes zurück, sehen Ihre jetzigen Fortschritte und erhalten eine Prognose für die Zukunft. Diese Art der Legung eignet sich, um zu erfahren, wie es momentan in Ihrem Leben zugeht, welche Erfahrungen Sie beschäftigen und was Sie für Ihren weiteren Lebensweg tun können. Sie werden sich anhand der Dreier Legung bewusst, welche Themen aus der Vergangenheit derzeit für Sie eine wichtige Rolle spielen. Im Grunde ist dies Ihre Entstehungsgeschichte und ein möglicher Grund für Ihre Frage. Die Gegenwart spiegelt Ihren Standpunkt wider, Ihren jetzigen Zustand. Die Zukunft zeigt Ihnen, was auf Sie zukommt. Wie bei der Tageskarte und der Zweier Kombination können Sie spezifische Fragen stellen, die sich im Laufe der Zeit gebildet haben.

Beispiel:

- Welchen Einfluss hat der Streit mit meinen Eltern auf mein Leben?
- Wie stark hat mich meine Kindheit verändert?
- Welches Ereignis hat mich zu dem Menschen gemacht, der ich jetzt bin?

Anders, als bei der Tageskarte können Sie bei der Dreier Legung auch Ja oder Nein-Fragen stellen, da die Karten ein breites Spektrum an Möglichkeiten abdecken. Die Einfachheit der Dreier Kombination erlaubt Ihnen eine Vielzahl an Fragestellungen.

Vorgehen:

- Sie benötigen anfangs etwas Übung, um die Karten korrekt zu deuten. Empfehlenswert ist es, wenn Sie sich die Grundbedeutungen verinnerlichen und erst dann mit der Dreier-Legung beginnen. Üben Sie zuerst mit der Tageskarte oder der Zweier-Kombination, bevor Sie sich an die Dreier Kombination herantrauen. Hilfsmittel wie ein Buch oder ein kleiner Spickzettel mit Bedeutungen legen Sie sich bestenfalls daneben, damit Ihnen nichts entgeht.
- Wenn Sie Ihre Frage stellen, sollten Sie diese möglichst positiv formulieren. Beispielsweise werden Sie mit negativen Formulierungen wie: „Werde ich meinen Job verlieren?", keine sinnvolle Antwort erhalten. Besser ist es zu fragen: „Werde ich erfolgreich im Job sein?" Mit dieser Formulierung gelingt es, mehr Optionen abzudecken.
- Mischen Sie die Karten gut durch und stellen Sie Ihre Frage. Nehmen Sie die oberste Karte vom Stapel und legen diese in die Mitte. Dies ist Ihre Ausgangskarte. Nachfolgend ziehen Sie zwei weitere Karten und legen diese links und rechts daneben. Beginnen Sie mit der Deutung, indem Sie sich die mittlere Karte zuerst vornehmen. Es empfiehlt sich, danach mit der linken Karte, der Vergangenheit, fortzufahren.
- Zum Schluss deuten Sie die Zukunftskarte. Betrachten Sie anfangs alle Karten einzeln. Erst danach ist es ratsam, die Vergangenheit und die Zukunft genauer zu betrachten, da diese Karten eine Verbindung besitzen. Dies nennt sich auch Spiegelung. Beide Karten bilden ein Gesamtbild, welches Ihnen einiges über Sie selbst verrät.

9ER LEGUNG

Mit der 9er Legung wagen Sie sich an eine anspruchsvollere Legevariante heran. Dennoch ist sie leichter zu deuten als die große Tafel, da weniger Karten gebraucht werden. Das macht die 9er Legung weniger komplex. Trotzdem liefert die 9er Legung eine große Bandbreite an treffsicheren Deutungen, da die Karten aus mehreren Richtungen gelesen werden. So ergibt sich eine Vielzahl an Kombinationen, die aufschlussreiche Hinweise zur Fragestellung liefern können.

Mögliche Fragen können beispielsweise sein:

- Wie wird sich mein Leben entwickeln?
- Welche Fortschritte werde ich machen?
- Wie wird sich mein Berufsleben entwickeln?
- Welche Entwicklungen werde ich durchlaufen?
- Wie wird mein Liebesleben aussehen?

Themen und Anlässe:
Fragen aus allen Themenbereichen lassen sich mit der 9er Legung realisieren. Sie ist hervorragend für das Auswerten von Ursachen geeignet und gibt noch dazu Auskunft über mögliche Tendenzen.

Vorgehen:
Achten Sie darauf, dass Sie bei der Legung entspannt und ausgeglichen sind, denn Stress und Ärger verfälschen das Ergebnis. Sie werden nur Auskunft über Ihr inneres Wesen erhalten oder Ihre Beweggründe erkennen. Eine passende Zukunftsdeutung wird jedoch nicht stattfinden.

- Mischen Sie die Karten wieder gut durch und fächern Sie diese auf einem Tisch verdeckt vor sich auf. Formulieren Sie Ihre Frage und wählen Sie mit der linken Hand, Ihrer Herzhand, die erste Karte aus. Diese Karte steht für die Hauptthematik. Sie gibt der Legung die Grundtendenz und gibt die Richtung vor. Konzentrieren Sie sich bei jeder Karte auf Ihre Frage und lassen Sie sich nicht ablenken.
- Nun geht es darum, die gezogenen Karten, um die Hauptkarte zu platzieren. Dies geschieht nach einer vorgeschriebenen Reihenfolge.
- Die erste Karte legen Sie in die Mitte. Die nächste Karte wird links diagonal darübergelegt. Dies ist die Karte 2. Rechts von dieser Karte folgen Karte 3 und 4. Links neben der Hauptkarte wird die Karte 5 und rechts die Karte 6 platziert. Die unterste Reihe folgt dann mit Karte 7, 8 und 9. Es ist wichtig, dass Sie sich an diese Reihenfolge halten, da die Karten untereinander eine starke Verbindung besitzen.

Für ein besseres Verständnis hier ein Beispiel:

2	**3**	**4**
Bär 	Brief 	Garten 
5	**1**	**6**
Rute 	Kind 	Baum 
7	**8**	**9**
Mond 	Lilien 	Haus 

Bei der Deutung der Karten gibt es mehrere Möglichkeiten. Für den Anfang können Sie auch von der Hauptkarte ausgehend die Kombinationen zu den umliegenden Karten deuten. Es erleichtert Ihnen den Einstieg. Das würde im oberen Beispiel bedeuten, dass Sie das Kind in Kombination zu einzelnen Karten betrachten. Wie verhält sich das Kind zum Bären, zum Brief, zum Garten? Für eine ausführlichere Legung gibt es folgende Deutungspraktiken:

Vergangenheit/Gegenwart/Zukunft

Sie teilen die Karten vertikal in drei Zonen ein. Die Karten 2-5-7 wären hier der Vergangenheit zuzuordnen. Die Karten 3-1-8 spiegeln die Gegenwart wider und die Karten 4-6-9 stehen für die Zukunft. Konzentrieren Sie sich in jedem Bereich auf die Aussagekraft der drei Karten.

Es ist auch möglich, die Karten zusätzlich noch in horizontale Bereiche einzuteilen. Die Zeilen repräsentieren bei dieser Vorgehensweise das Unterbewusstsein der fragestellenden Person und die Spalten weisen auf das äußere Umfeld hin. Die Karten 2-3-4 stehen dann für die innere Vergangenheit, die Karten 2-5-7 für die äußere Vergangenheit. Mit der Gegenwart und der Zukunft verfahren Sie genauso.

Die Vergangenheit steht für den Ursprung der Situation und verweist auf Belastungen, welche die fragestellende Person mit sich herumträgt. Bei der Gegenwart geht es um den jetzigen Sachverhalt und wie sich die Situation entwickelt hat. Die Zukunft beschreibt, wie sich die Situation entwickeln wird, wenn keine verändernden Maßnahmen stattfinden. Das heißt, wenn sich so verhalten wird, wie in der Vergangenheit, werden die Karten aufzeigen, wohin die Reise letztendlich führen wird.

Quintessenz

Haben Sie die vorherige Deutungsmethode angewandt, möchten Sie sicher einen Lösungsansatz finden. Diesen Lösungsansatz können Sie mithilfe der Quintessenz-Methode herausfinden. Hierbei geht es darum, die Karten im Uhrzeigersinn zu deuten. Sie beginnen wieder in der Mitte und führen die Deutung in folgender Reihenfolge aus: 1-2-3-4-6-9-8-7-5. Sie bewegen sich dabei einmal komplett um die Hauptkarte herum.

Vorwärts/Rückwärts

Sie können die einzelnen Spalten und Zeilen in beide Richtungen deuten. Das heißt, von links nach rechts, rechts nach links, oben nach unten und unten nach oben. Mit dieser Deutungstechnik lassen sich bewusste und unbewusste Prozesse erschließen. Vorwärts steht für bewusste Wahrnehmung, Erfahrungen und Ereignisse. Rückwärts steht für unbewusste und weniger präsente Themen. Wenn Sie tiefgründige Antworten bezüglich Ihres Unterbewusstseins oder der Persönlichkeitsentwicklung erhalten möchten, ist diese Methode gut geeignet. Bei allen anderen Fragestellungen, die äußere Umstände mit einfasst, eignet sie sich weniger.

Diagonal

Bei der diagonalen Technik werden die Karten, von Ihrer mittleren Hauptkarte zu den Eckpunkten hin, gedeutet. Es findet eine Gegenüberstellung der Karten statt, wodurch sich diese Deutungsmethode für den Verlauf von Konflikten und Auseinandersetzungen eignet. Die Diagonalen bilden zusammen ein X. Ausgangspunkt bei der Deutung ist immer die Karte 1. Davon ausgehend folgt die 2-4-7-9. Bei dieser Formation erhalten Sie Antworten über Konfliktpunkte und mögliche Gründe von Konfrontationen.

Mittellinien

Anders, als bei der diagonalen Deutung, welche eher die Störung einer Beziehung behandelt, befassen sich die Mittellinien mit positiven Ansätzen von Beziehungen. Die Deutung geht wieder von der Mitte aus und beleuchtet die umliegenden Karten 3-5-6-8. Sie erhalten bei dieser Methode Hinweise auf Gemeinsamkeiten und Verbindungen zu anderen Personen.

Eckpunkte

Die Eckkarten 2-4-7-9 stellen eine Alternative zur Quintessenz dar. Sie erfahren hierbei, welche Möglichkeiten sich ergeben können, wenn Sie eine Änderung des Verhaltens oder einer Situation herbeiführen. Die Eckpunkte geben Ihnen wertvolle Impulse für eine mögliche Zukunft. Außerdem erhalten Sie Anhaltspunkte für Verbesserungen und bevorstehende Chancen.

DAS KLEINE KREUZ

Wenn Sie wenig Zeit haben oder nur einen kurzen Einblick in eine Situation benötigen, ist das kleine Kreuz eine schnelle und beliebte Methode zur Kartendeutung. Sie erhalten kurze, aber prägnante Antworten zu einer aktuellen Situation. Für Anfänger ist diese Methode als Einstieg sehr gut geeignet. Die Legung ist übersichtlich und bedarf keiner komplizierten Reihenfolge. Das macht das kleine Kreuz verständlich und auch im Alltag praktikabel.

Themen und Anlässe:
Das kleine Kreuz beleuchtet eine aktuelle Situation und liefert Erkenntnisse über die eigenen Handlungen und Vorgehensweisen. Diese Methode kann jeden Themenbereich abdecken und verschafft Ihnen einen guten Überblick über Ihr Anliegen.

Vorgehen:
Mischen Sie die Karten und ziehen Sie verdeckt vom obersten Stapel eine Karte. Diese Karte legen Sie auf die linke Seite. Dies ist Ihre Hauptkarte, welche das allgemeine Thema bestimmt. Rechts daneben legen Sie die zweite Karte. Diese Karte zeigt Ihre Anforderungen an und möchte Sie auf mögliche Fehlentscheidungen aufmerksam machen. Die dritte Karte legen Sie oberhalb zwischen die Karten 1 und 2. Diese Karte zeigt Ihnen eine Handlungsempfehlung an bzw. welchen Weg Sie einschlagen sollten. Die vierte und letzte Karte legen Sie unterhalb der Karten 1 und 2. Diese Karte repräsentiert das Ergebnis Ihrer Entscheidungen. Sie gibt Ihnen einen Einblick in zukünftige Ereignisse. Die untenstehende Tabelle zeigt Ihnen, wie das kleine Kreuz gelegt wird.

3	3	2
• Der Weg • Die Möglichkeiten • Das sollten Sie tun	Haus	• Der falsche Weg • Herausforderungen • Das sollten Sie vermeiden
1	**Tipp:**	2
Blumenstrauß	Wenn Ihnen bei einer anderen Legung eine Karte unklar erscheint, können Sie diese Karte beim kleinen Kreuz als Hauptkarte anwenden. So wird deren Bedeutung klarer und Sie können Ihre ursprüngliche Legung weiterführen.	Kind
1	4	4
• Das Hauptthema • Darum geht es • Die Hintergründe	Schlüssel	• Das wird geschehen • Dahin führt der Weg • Das ist Ihr Ergebnis

Die große Tafel

Kommen wir zu der Königsdisziplin: der großen Tafel. Auch als „Grand Tableau" bekannt, ist die große Tafel die wohl am häufigsten und beliebteste Legetechnik der Kartenlesekunst im Lenormand. Sie umfasst alle 36 Karten und bringt eine vielseitige Deutung hervor. Die Aussagekraft der Karten ist bei der großen Tafel weitaus höher als bei einer 9-er Legung. Durch die Vielzahl an Bedeutungen kann es jedoch auch passieren, dass Sie sich in Ihren Deutungen verlieren und von den zahlreichen Kombinationen erschlagen fühlen. Was Sie dann brauchen, ist ein sinnvolles System, mit dem Sie die Karten auslegen und behandeln können.

Die Karten werden bei der großen Tafel in vier Reihen ausgelegt und können nach der 9x4 oder 8x4-Auslage positioniert werden. Dazu erfahren Sie in diesem Kapitel später mehr. Da alle Karten zum Einsatz kommen, zeigt die große Tafel eine große Bandbreite an Deutungsmöglichkeiten und komplexe Fragestellungen können somit ausführlich beantwortet werden. Wenn die 36 Karten vor Ihnen liegen, können Sie sich diese Karten als eine große Geschichte vorstellen, welche Sie anhand von Schlüsselkarten entziffern müssen.

Es ist nicht nötig, bei der großen Tafel Fragen zu stellen. Dennoch verhelfen Fragen immer zu einer besseren Deutung, da sich eine konkrete Antwort herausstellt. Sie dürfen die Karten auch einfach auslegen und sich vom Ergebnis überraschen lassen. Die große Tafel kann Ihnen nämlich einen umfassenden Blick auf Ihr gesamtes Leben geben. Wenn Sie sich für eine Frage entscheiden, sollten Sie sicherstellen, dass die Frage klar und unmissverständlich formuliert ist. So vermeiden Sie Fehldeutungen und Unsicherheiten.

Themen und Anlässe:
Die klassischen Themen bei der großen Tafel sind Liebe, Familie, Erfolg und Zukunft. Die große Auslage dient zu einer allumfassenden Klärung aller relevanten Lebensfragen. Doch auch ohne Fragen liefert die große Tafel erstaunliche Ergebnisse. Sie enthüllt alle Aspekte des Lebens und gibt wertvolle Hinweise für Vergangenheit, Gegenwart und Zukunft. Aber auch äußere und innere Einflüsse werden von der großen Tafel abgedeckt. Nahezu jedes Thema lässt sich hier behandeln. Selbst mehrere Fragestellungen weiß die große Tafel zu beantworten.

BESONDERHEITEN BEIM AUSLEGEN DER GROSSEN TAFEL

Bevor Sie die große Tafel auslegen, sollten Sie für sich einige Vorgehensweisen festlegen. Dies dient zum besseren Verständnis der Karten und verschafft Ihnen nach einiger Zeit eine gewisse Routine. Selbstverständlich dürfen Sie individuell vorgehen und müssen sich nicht an starre Vorgaben halten. Wie immer ist die Intuition Ihr fester Begleiter bei der Deutung Ihrer Lenormand-Karten. Wenn es also Punkte gibt, die Ihnen nicht zusagen, können Sie diese Punkte auf Ihre Bedürfnisse anpassen.

Vogelperspektive einnehmen

Bei der großen Tafel kann die Fülle an Karten im ersten Moment überwältigen. Manches wird Ihnen vielleicht nicht schlüssig erscheinen. Auch kann, wenn Sie sich zu lange mit den Karten beschäftigt haben, ein Tunnelblick entstehen, der Ihnen die Sicht auf weitere Blickwinkel versperrt. Gerade bei längeren Sitzungen ist man dazu geneigt, sich an bestimmten Deutungen festzubeißen. Hilfreich ist hier die Vogelperspektive, von der aus Sie alle Karten von oben betrachten. Sie lenken dabei Ihre Konzentration nicht nur auf einen Punkt, sondern öffnen sich für alle Karten und nehmen eine neutrale Haltung an. Sehr bewährt hat sich das Fotografieren und anschließende Ausdrucken der Legung. Damit gelingt es Ihnen, die Vogelperspektive einzunehmen. Zusätzlich können Sie zu jeder Karte Notizen und Skizzen anfertigen, was ebenfalls eine große Stütze sein kann. Mit der neuen Perspektive werden Ihnen sicherlich Zusammenhänge auffallen, die Sie vorher übersehen haben.

Häuserdeutung

Nur bei der großen Tafel spielen die jeweiligen Häuser der Karten eine wichtige Rolle. Um die Häuser zu verstehen, müssen Sie sich die Zahlen auf den Lenormand-Karten genauer ansehen. Der Reiter trägt die Ziffer 1 und befindet sich somit im Haus Nummer 1. Diese Zahl wird wie bei einem echten Haus als Hausnummer angesehen. Klee hat demnach die Nummer 2, das Schiff die 3, das Haus die 4 usw. Wenn Sie die Lenormand-Karten der Reihenfolge nach auslegen, hat jede Karte eine feste Position. Legen Sie anschließend, die große Tafel aus, befinden sich auf diesen Plätzen andere Karten. Sie stehen somit im Haus der ursprünglichen Karte.

Beispiel:
Sie legen die große Tafel aus und auf Position 14 befindet sich der Brief. Da der Fuchs die Ziffer 14 besitzt, ist diese Position sein Haus. Der Brief steht demnach im Haus des Fuchses.

Im Grunde ist die Deutung des Häusersystems gar nicht schwer. Die Karte, die auf dem Haus einer anderen Karte liegt, wird als Kombination gedeutet. Im oben genannten Beispiel würde dies auf Falschheit in der Familie oder eine falsche Entscheidung über ein Haus bedeuten. Notieren Sie sich am besten die relevantesten Deutungen, damit Sie es leichter haben. Sie müssen bei der großen Tafel nicht alle 36 Häuser deuten, das wäre utopisch und würde zu keiner sinnvollen Deutung führen. Eine sehr gute Hilfe ist es, wenn Sie sich die Häuser, also die Positionen der 36 Karten auf einem großen Blatt Papier aufzeichnen. Je nachdem welche Legung Sie bevorzugen, fertigen Sie eine Vorlage von einer 9x4 oder 8x4 Legung an. Auf dieser Schablone nummerieren Sie die Häuser und können sich auch die Grundbedeutungen der Häuser als kleine Gedankenstütze notieren. Wenn sich dann eine andere Karte in einem Haus befindet, haben Sie immer die Möglichkeit darunter nachzusehen.

Wichtige Häuser, die Sie deuten sollten:

- Das Haus der Karte Kreuz
- Karten, die im eigenen Haus stehen
- Häuser der Personenkarten
- Häuser von Themenkarten, die für Ihr Thema relevant sind
- Häuser, die ihre Plätze getauscht haben (Maus tauscht mit Brief und umgekehrt)

Die Kreuz-Karte

Kaum eine Karte besitzt in der Lenormand-Legung eine so aussagekräftige Bedeutung wie das Kreuz. Diese Karte sollte in der großen Tafel besonders intensiv betrachtet werden, da sie ein wichtiges Zeichen setzt. Das Kreuz verrät Ihnen eine unübersehbare Botschaft, welche Sie wach rütteln möchte. Zudem sind die Position des Kreuzes, sowie die umliegenden Karten entscheidend für eine erfolgreiche Deutung. Das Kreuz schenkt Ihnen einen Einblick in Ihren Lebensplan und Ihr persönliches Schicksal. Es steht für die wichtigsten Ereignisse in Ihrem Leben und macht deutlich, was wirklich wichtig ist. Dabei ist zu beachten, in welchem Haus sich das Kreuz befindet, welche Beziehung es zu den Umgebungskarten besitzt und ob es sich bei seiner Position um die Vergangenheit, Gegenwart oder Zukunft handelt. Das Kreuz liefert spannende Ergebnisse und sollte deshalb nicht vernachlässigt werden.

Themenbereiche auf Karten festlegen

Eine gute Vorarbeit erspart Ihnen am Ende Unklarheiten und fehlerhafte Deutungsstränge. Deshalb sollten Sie sich vor Ihrer Legung Gedanken darüber machen, wie Sie die Personen- und Themenkarten zuordnen. Das heißt, wenn Sie bei der Legung das Thema Nachrichten behandeln, sollten Sie klar festsetzen, welche Karte für dieses Thema steht. Hier kämen mehrere Karten infrage, welche auf neue Botschaften hindeuten können. Daher ist es wichtig, dass Sie von vorneherein den Karten bestimmte Bezugspunkte zuweisen, um die Deutung zu vereinfachen. Beispielsweise kann der Baum für Ihre Gesundheit oder aber auch für Ihr persönliches Wachstum stehen. Wenn die Karte gezogen wird, wissen Sie nicht genau, welches Thema der Baum gerade anspricht. Um ein Rätselraten zu vermeiden, sollten Sie an den Personen- und Themenkarten klare Botschaften festmachen.

DIE 8X4 AUSLEGUNG

Bei der 8x4 Auslegung werden die Karten in jeweils vier Reihen ausgelegt, wobei sich in jeder Reihe nur acht Karten befinden. Es bleiben im Anschluss vier Karten übrig, die mittig unterhalb der vier Reihen platziert werden. Diese Karten werden Schicksalskarten genannt und bilden eine fünfte Reihe.

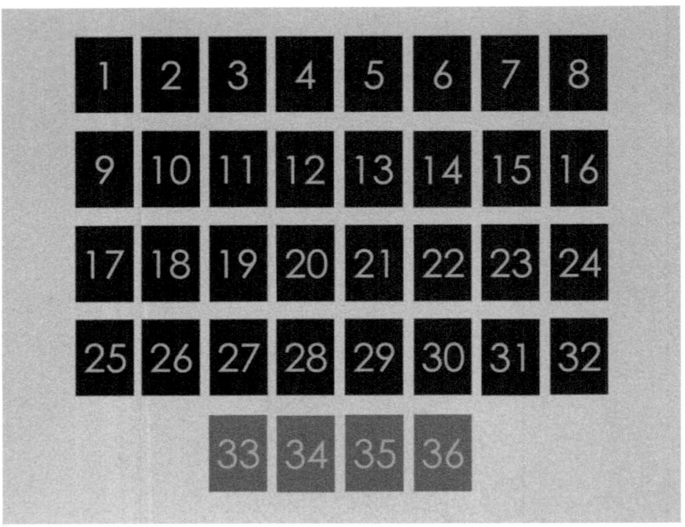

Die Schicksalskarten beziehen sich auf die bevorstehende Zukunft und werden separat von den anderen 32 Karten gedeutet. Dabei liest man die Karten von links nach rechts und betrachtet die Verbindung der vier Karten. Sie weisen der fragestellenden Personen den Weg und helfen, sich auf das Schicksal zu konzentrieren. Die Karten möchten auf allgemeine Einflussfaktoren hinweisen, die das Schicksal beeinflussen können. Die 8x4 Auslegung ist durch die zusätzlichen Schicksalskarten komplizierter zu deuten, da sich die Bedeutung der Schicksalskarten nicht sofort erschließt und erst nach einiger Zeit aufgedeckt wird. Zudem stören sich manche Kartenleger an der fehlenden Symmetrie des Kartenbildes, welche das Gleichgewicht beeinträchtigen kann. Diagonale oder vertikale Deutungen sind je nach Position der Karten erschwert, weshalb die 8x4 Legung eher eine fortgeschrittene Variante ist.

DIE 9X4 AUSLEGUNG

Anders als bei der 8x4 Auslegung werden die Karten hier nur in vier Reihen angeordnet, sodass immer 9 Karten in einer Reihe liegen. Dies formt ein einheitliches Bild und die Karten können leichter gedeutet werden. Allerdings gibt es hier keine Schicksalskarten, die noch zusätzliche Aufmerksamkeit erfordern, was die Deutung der 9x4 Auslegung vereinfacht. Das folgende Beispiel zeigt die 9x4 Auslegung:

Der Vorteil der 9x4 Auslegung ist, dass jede Karte in den Deutungsprozess miteinbezogen werden kann. Die Karten verteilen sich gleichmäßig und es gibt weniger Unklarheiten. Deshalb wird diese Variante auch von den meisten Kartenlegern favorisiert. Entscheiden Sie selbst, welche Methode Ihnen am ehesten liegt, indem Sie beide Legevarianten ausprobieren. Vielleicht ist Ihnen die 9x4 Auslegung lieber, vielleicht legen Sie auch großen Wert auf die Schicksalsdeutung in der 8x4 Auslage. Mit beiden Systemen werden Sie viele spannende Erkenntnisse erhalten.

DEUTUNGSSTRÄNGE

Durch die zahlreichen Symbole und Bilder der Lenormand-Karten, kann es für Sie bei der großen Tafel anfangs noch etwas schwierig sein, die richtigen Informationen aus den Karten herauszulesen. Zugegeben, 36 Karten vor sich liegen zu haben und daraus bestimmte Lehren zu ziehen, ist auch für erfahrene Kartenleger oftmals eine Herausforderung. Besonders, wenn es sich um eine komplexe Fragestellung handelt, die sehr viel Fingerspitzengefühl bedarf. Damit Sie nicht den Faden verlieren, sind feste Deutungsstränge wichtig. Diese Deutungsstränge helfen Ihnen dabei, die Botschaften der Karten zu entschlüsseln und die Informationen fließen zu lassen.

Die Signifikatorkarte

Sie benötigen bei der Legung einen festen Bezugspunkt, von dem aus Sie alle anderen Karten betrachten. Wählen Sie zunächst eine Karte aus, die Ihrer Fragestellung gerecht wird. Dazu suchen Sie sich Ihre Signifikatorkarte heraus. Die Signifikatorkarte spiegelt das Thema Ihrer Fragestellung wider. Als Signifikatorkarte werden die Karten bezeichnet, die bestimmten Themen zugeordnet sind.

Beispiel:
In Ihrer Frage geht es um die Liebe. Sie können nun die Karte Herz als Signifikatorkarte auswählen. Diese Karte ist der Ausgangspunkt Ihrer Legung, von dem aus die Umgebungskarten gedeutet werden. Sie dürfen auch die Dame oder den Herrn verwenden, jedoch ist es besser, wenn Ihre Signifikatorkarte Ihre Frage symbolisch verkörpert.

Beispiele für typische Signifikatorkarten sind:

- Der Anker für Beruf und Erfolg
- Der Ring für Partnerschaft und Ehe
- Das Herz für Liebe
- Der Baum für Gesundheit
- Das Haus für Familie

Die Signifikatorkarte ist die Ausgangskarte für alle Deutungsstränge. Als Erstes, sollten Sie sich die genaue Position dieser Karte ansehen und auch das jeweilige Haus deuten, in der sich die Signifikatorkarte befindet. Erst dann ist es sinnvoll, die umliegenden Karten zu beleuchten. Beachten Sie, dass die Karten links neben der Signifikatorkarte die Vergangenheit und die Karten rechts die Zukunft darstellen.

Der Zirkel

Ausgehend von der Signifikatorkarte betrachten Sie zunächst die Karten in der direkten Umgebung. Sie bewegen sich also wie ein Zirkel um die Signifikatorkarte herum. Insgesamt haben Sie acht Karten, die für Ihre Deutung relevant sind.

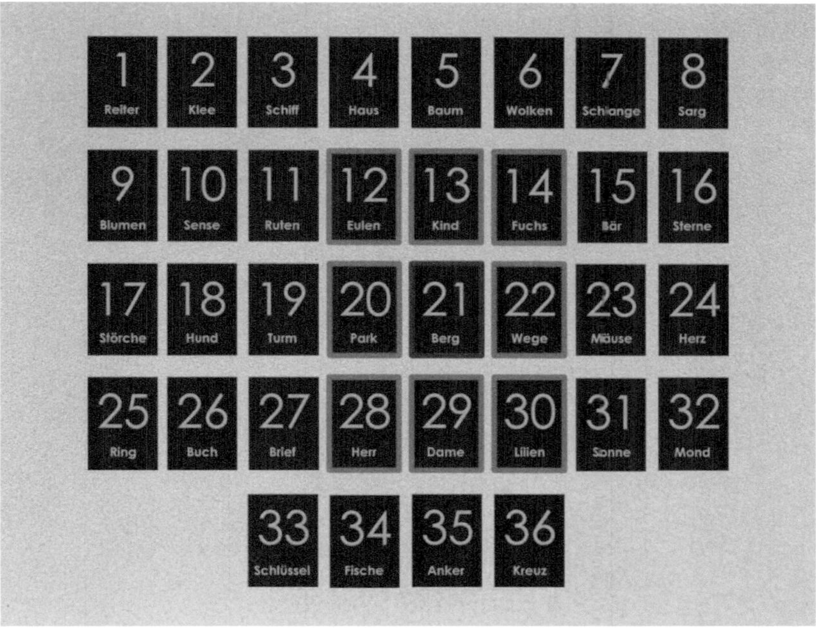

Mit diesen acht Karten können Sie sich einen ersten Überblick verschaffen. Sie können die Karten in Kombination lesen und daraus einen Bezug zur Fragestellung herstellen.

Vertikale und diagonale Linien

Eine weitere Möglichkeit die Deutungsstränge zu erforschen, ist das Betrachten der vertikalen und diagonalen Linien. Die vertikalen Linien deuten oberhalb der Signifikatorkarte auf bewusste und unterhalb auf unbewusste Vorgänge hin. Die diagonalen Linien weisen auf Verbindungen oder Beziehungen hin. Vermischen Sie die vertikalen und diagonalen Linien nicht und konzentrieren Sie sich nur auf eine Linie.

Im Beispiel sehen Sie unterschiedliche Farben für die Deutungslinien. Die dunkelgrüne Linie, die hellgrüne Linie und die blaue Linie sind separat voneinander zu lesen. Das heißt, Sie können beispielsweise nicht das Kind mit dem Fuchs oder den Anker mit dem Herr kombinieren. Beginnen Sie mit den vertikalen Linien und arbeiten Sie sich dann zu den diagonalen Linien vor. Wenn Sie sich die Legung abfotografiert und ausgedruckt haben, können Sie die Deutungslinien ebenfalls farblich markieren, damit Sie nicht durcheinanderkommen.

Korrespondieren

Bei diesem Deutungsstrang geht es darum, dass Sie zwei Karten miteinander in Verbindung bringen. Sie müssen die korrespondierenden Karten herausfinden und zueinander in Bezug setzen. Dies ist einfacher als es klingt. Dazu unterteilen Sie Ihre Legung vertikal und horizontal, sodass sich die Karten spiegeln und vier Bereiche entstehen. Die diagonalen Karten, die gespiegelt auf der gleichen Position gegenüberliegen, sind Korrespondenzkarten. Anhand des Beispiels lässt sich die Erklärung sehr gut nachvollziehen.

Die Karte 27 spiegelt sich somit diagonal mit der Karte 6. Diese beiden Karten sind Korrespondenzkarten und können miteinander kombiniert gedeutet werden.

Spiegeln

Beim Spiegeln gehen Sie genauso vor wie beim Korrespondieren. Das heißt, die Legung wird wieder in vier Bereiche aufgeteilt und vertikal sowie horizontal geteilt. Der einzige Unterschied hierbei ist, dass die Karten vertikal und horizontal zueinander betrachtet werden. Sie spiegeln demnach die Position der Karten.

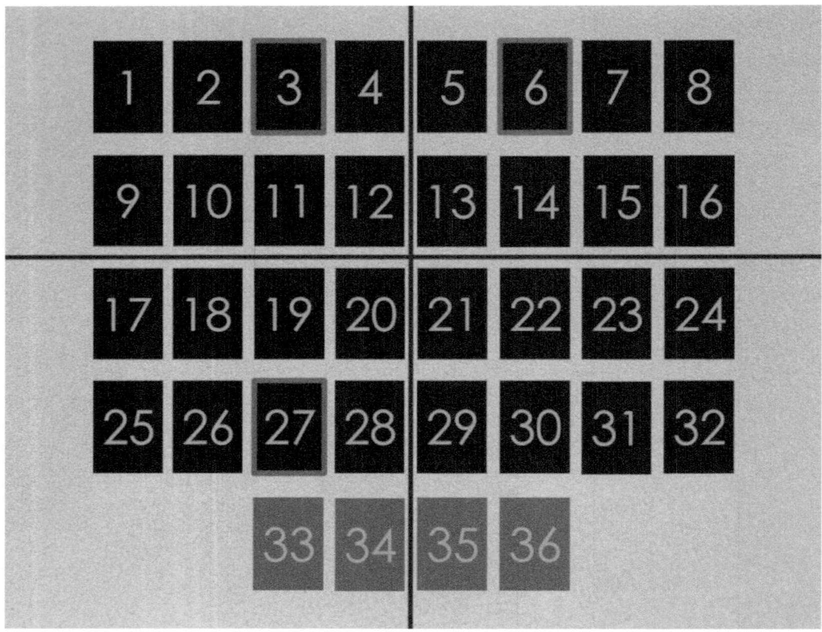

Im Beispiel wird die Karte 3, als Ausgangskarte, vertikal mit der Karte 27 und horizontal mit der Karte 6 gespiegelt. Diese Karten eignen sich für eine Kombinationsdeutung. Im unteren Bereich der Legung sehen Sie die Karten 33 bis 36. Diese Karten können sich nur in der gleichen Reihe spiegeln, da die Zusatzreihe in der 8x4 Legung gesondert behandelt wird.

Rösseln

Abgeleitet vom Schachspiel, bei dem sich der Springer zwei Felder vor und jeweils ein Feld nach rechts oder links bewegt, ist diese Art der Deutung in die Lenormand-Legung übertragen worden. Diesen Deutungsstrang nennt man Rösseln. Dabei gehen Sie von der Signifikatorkarte aus und bewegen sich zwei Karten vertikal bzw. horizontal und eine Karte nach links oder rechts. Im Beispiel lässt sich die Vorgehensweise besser nachvollziehen.

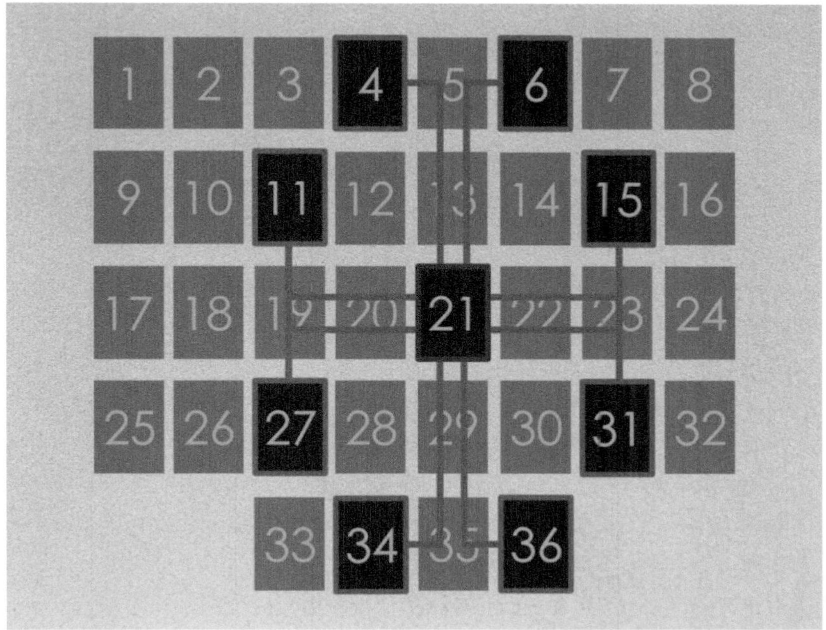

Die Karte 21 wird im Beispiel als Signifikatorkarte behandelt. Davon ausgehend ergibt sich eine Verbindung zu den Karten 4, 6, 11, 15, 27, 31, 34 und 36. Es sind also acht neue Zweier-Kombinationen vorhanden, die es zu deuten gilt. Liegt die Signifikatorkarte nicht mittig, sondern am Rand, werden weniger Kombinationsmöglichkeiten vorhanden sein.

Die Personenkarten

Bei der Kartenlegung im Lenormand liefern nicht nur die Legesysteme, die Bedeutungen der Karten und die Deutungsstränge aussagekräftige Erkenntnisse. Durch Personenkarten können Sie noch weiter in die Tiefe gehen und Ihre Fragestellungen ausweiten.

Personenkarten sind sinnvolle und auch wichtige Bezugskarten, die sich auf die fragestellende Person oder auch andere Personen beziehen können. Diese Karten sind sehr hilfreich und beleuchten Beziehungen, sowie wichtige Handlungsstränge. Mithilfe der Personenkarten können Sie andere Personen in Ihren Legungen berücksichtigen und auch zukünftige Bekanntschaften sowie Verbindungen aus den Karten herauslesen. Jedoch ist es nicht immer einfach, festzustellen, welche Karte für spezielle Personenkreise heranzuziehen ist. Selbst erfahrene Kartenleger müssen sich meist einen ersten Überblick verschaffen, um die Personenkarten korrekt zuordnen zu können. Häufig wird die Intuition zu einem hilfreichen Werkzeug, um die Bestimmung der Personenkarten voranzutreiben. Wie Sie bei der Bestimmung der Personenkarten vorgehen können, erfahren Sie in diesem Kapitel.

ZUORDNUNG DER PERSONENKARTEN

Sie haben die Möglichkeit, vor der Auslegung Ihrer Karten, jeder der 36 Karten eine bestimmte Person zuzuordnen. Nicht unbedingt, müssen Sie auf eine vorgegebene Karte zurückgreifen. Sie können aus dem Bauch heraus entscheiden, welche Personenkarte Sie welcher Person zuweisen möchten. Die Verbindung der Karte mit der jeweiligen Person sollte energetisch passen und diese Person bestmöglich abbilden. Das können

Sie über die charakterlichen Eigenschaften der Person entscheiden oder Ihrem Gefühl überlassen. Letzteres eignet sich für eine kurze Meditation, mit der Sie sich die Person vor Ihrem inneren Auge vorstellen und sich danach für eine passende Karte entscheiden. Wenn Sie sich nach dem Charakter einer Person richten, rufen Sie sich seine einprägsamsten Eigenschaften vor Augen und wählen eine entsprechende Karte aus.

Beispiel:
Sie möchten Ihrer Tochter eine Karte zuordnen. Sicherlich könnten Sie jetzt auf das Kind zurückgreifen, weil diese Karte für Kindlichkeit steht und allgemein als Personenkarte genutzt wird. Sie empfinden Ihre Tochter, als positiven und von Grund auf fröhlichen Menschen, der tagtäglich eine besondere Ausstrahlung besitzt. Mit dem Kind verbinden Sie Ihre Tochter eigentlich nicht, weil sie reifer wirkt und Sie eine herausragende Persönlichkeit in ihr sehen. Das Kind zeichnet demnach ein komplett anderes Bild von ihr als das Bild, was Sie von Ihrer Tochter gewohnt sind. Sie wählen demnach die Sonne als Personenkarte aus, weil diese Karte dem Wesen Ihrer Tochter am ehesten zusagt. Deshalb erscheint die Wahl der Sonne für Sie geeigneter als das Kind.

Sie dürfen intuitiv Personenkarten auswählen, sollten sich aber immer nach den individuellen Eigenschaften der Person richten. Wenn Ihnen diese Vorgehensweise anfangs noch Schwierigkeiten bereitet, weil Sie Personen einbeziehen, mit denen Sie eine nicht so starke Verbindung besitzen, können Sie auf die typischen Personenkarten zurückgreifen. Das macht eher Sinn, als hinterher unpassende Karten auszuwählen, die Unruhe in die Legung hereinbringen könnten.

Herr und Dame

Diese beiden Karten sind die Hauptpersonenkarten. Sie stellen den männlichen Fragesteller mit seiner Partnerin und die weibliche Fragestellerin mit ihrem Partner dar. Von großer Bedeutung ist hier nicht die Art der Liebesbeziehung, also Ehe, Partnerschaft oder vielleicht Fernbeziehung. Relevant ist vielmehr die Verbindung beider Personen. Die tiefe Beziehung zueinander, die von Herzen kommt. Gibt es momentan keinen Partner, können mit der Dame und dem Herrn auch ein zukünftiger Partner gemeint sein. Die Karten offenbaren dann die zukünftige Partnerschaft und deren möglichen Verlauf. Sind Sie sich bei der Zuordnung der Personenkarten unsicher, können Sie immer auf den Herrn und die Dame als alternative Personenkarten zurückgreifen.

Hund

Mit dem Hund wird eine tiefe Freundschaft verbunden. Diese Karte weist auf einen guten Freund oder eine gute Freundin hin, mit denen schon seit langer Zeit eine tiefe Verbindung besteht. Somit wird der Hund als geschlechtslos gedeutet und muss sich nicht unbedingt auf einen männlichen Freund beziehen. Oft wird der Hund von Kartenlegern ausschließlich als männlicher Freund oder Bruder gedeutet. Es ist aber eher so, dass der Hund allgemein für ein starkes Freundschaftsband steht, unabhängig vom Geschlecht. Sie dürfen aber selbst entscheiden, welche Zuordnung Ihnen zusagt.

Kind

Mit der Karte des Kindes wird meist das eigene Kind repräsentiert. Besonders dann, wenn das Kind noch abhängig von den Eltern oder in seiner Entwicklung noch nicht reif genug ist. Dies kann auch erwachsene Kinder mit einschließen, die sich noch nicht von den Eltern loslösen können. Sind Kinder erwachsen und führen ein selbstständiges Leben, wird diese Karte nicht mehr als Personenkarte verwendet. Man ordnet ihnen dann passendere Personenkarten zu, die sich auf deren Charakter oder eine Stellung in der Familie beziehen.

Eulen/Vögel

Bei den Eulen bzw. Vögeln werden immer zwei ältere Personen dargestellt, die eine partnerschaftliche Verbindung besitzen. Das kann auf die eigenen Großeltern hindeuten, aber auch auf weitere Verwandte verweisen, die ein höheres Alter, als die fragestellende Person besitzen. Beziehen Sie sich nur auf die Eulen, kann diese Karte Ihre Vorfahren oder die Vorfahren einer bekannten Person repräsentieren.

Schlange und Bär

Die Rollenverteilung der Schlange und des Bären ist klar festgelegt. Die Schlange steht für eine Frau und der Bär für einen Mann. Beide Karten können auch ein Pärchen abbilden, welches mit der fragestellenden Person nicht auf Augenhöhe agiert. Das heißt, es könnte sich um ein älteres Pärchen mit mehr Lebenserfahrung handeln. Möglich ist auch die Konstellation von Vorgesetzten oder den eigenen Eltern. In jedem Fall handelt es sich hier um Personen, die Autorität, Intelligenz und Traditionen vereinen. Auch ein Machtverhältnis oder ein emotionales Gleichgewicht kann die Verbindung zu diesen beiden Personen beschreiben.

Reiter und Blumenstrauß

Genau wie Bär und Schlange stehen Reiter und Blumenstrauß ebenso für beide Geschlechter. Der Reiter steht für den Mann und der Blumenstrauß steht für die Frau. Dabei ist zu beachten, dass es sich hier um jüngere Personen handelt, die mit dem der fragestellenden Person auf Augenhöhe agieren. Auch ein jüngeres Pärchen kann mit diesen Karten gemeint sein. Beispielsweise kann es sich um ein befreundetes Pärchen, um

Kollegen oder um jüngere Verwandte wie Bruder, Schwester, Cousin, Cousine handeln. Zwischen der fragestellenden Person und den hier dargestellten Personen herrscht ein Gleichgewicht sowie eine gleichzusetzende Lebenserfahrung.

BEZIEHUNG ZWISCHEN 2 PERSONEN

Mit den Personenkarten lässt sich die Beziehung zwischen zwei Personen grundlegend bestimmen. Dabei kann es sich um Sie selbst oder auch um außenstehende Personen handeln, die Sie in Ihrer Legung miteinbeziehen. Sie erhalten wertvolle Einblicke in Beziehungsmuster und bevorstehende Entwicklungen sowie Konfliktpotenziale und Handlungen der involvierten Personen. Dies ist für Ihre Legung sehr hilfreich, da Sie für zukünftige Zeichen sensibilisiert werden. Das macht es für Sie einfacher, an Ihrer Reaktion zu arbeiten und sich auf kommende Situationen mit anderen Personen einzustellen. Nun stellt sich Ihnen wahrscheinlich die Frage: Wie lässt sich die Beziehung zwischen zwei oder mehr Personen unter all den ausliegenden Karten korrekt deuten? Dazu gibt es mehrere Ansätze, die Sie verfolgen können.

Blickrichtung der Karten

Zunächst einmal müssen Sie sich Ihr Kartendeck einmal genauer anschauen. Blicken die Personenkarten in die gleiche oder entgegengesetzte Richtung? Dieser Faktor ist für die Deutung der Beziehung nämlich entscheidend. Wenn beide Karten in die gleiche Richtung blicken, können die Karten sich demnach niemals anschauen, egal auf welcher Position sie sich befinden. Sie müssen dann andere Methode für die Beziehungsdeutung heranziehen. Blicken beide Karten jedoch in entgegengesetzte Richtungen, können Sie bei Ihrer Deutung die Blickrichtung als Faktor miteinbeziehen. Als Beispiel verwenden wir im Folgenden die Dame und den Herrn. Analysieren Sie deren Verbindung anhand der Blickrichtungen. Das Gleiche funktioniert auch mit anderen Personenkarten.

Dame und Herr blicken sich an:
Dies bedeutet, beide Personen sind einander zugewandt und deren Beziehung findet auf Augenhöhe statt. Die Beziehung ist gefestigt und die Kommunikation zwischen den beiden findet statt. Beide Personen möchten miteinander in Kontakt treten und sind einander wichtig.

Dame und Herr wenden sich den Rücken zu:
Die Personen haben sich voneinander abgewandt und möchten auf Distanz gehen. Dies kann auch bedeuten, dass sich eine Beziehung auseinanderlebt oder beide Personen ihren eigenen Weg einschlagen möchten. Die Karten können auch auf Fremde hindeuten, die keinen Bezug zueinander haben.

Nähe der Karten zueinander

Aufschlussreich ist auch die Position der Karten im Legemuster. Achten Sie darauf, wie nah die Karten beieinander liegen und ob sich bestimmte Karten zwischen den beiden Personenkarten befinden. Auch die vertikale, horizontale oder diagonale Position gibt Aufschluss über die Beziehung zweier Personen.

Dame und Herr liegen untereinander:
Beide Karten berühren sich unmittelbar über die kurze Seite der Karte. Das bedeutet, es besteht eine innige Verbindung und beide Personen stehe sich sehr nahe. Je nachdem, welche Karte oben oder unten platziert ist, kann diese Position darauf hindeuten, welche Person die dominantere Rolle in der Beziehung einnimmt. Ob sich die Beziehung positiv oder negativ entwickelt, können Sie aus den umliegenden Karten entnehmen.

Dame und Herr werden von einer oder mehreren Karten getrennt:
Nun kommt es darauf an, welche Karten die beiden voneinander trennen. Handelt es sich um eine positive Karte, besteht in der Beziehung zurzeit Harmonie und Frieden. Alles ist im Gleichgewicht. Blicken sich die Personenkarten dabei nicht an, kann dies auf eine bevorstehende Versöhnung oder eine Aussprache hindeuten. Befinden sich negative Karten zwischen den Personenkarten, liegen Konflikte und Streitgespräche in

der Luft. Wenden sich beide Karten zusätzlich voneinander ab, so ist die Beziehung nicht mehr zu retten. Egal ob horizontal oder vertikal, Karten, welche die Personenkarten voneinander trennen, zeigen auf, wie es um die jetzige Verbindung bestellt ist. Je mehr Karten dazwischen liegen, desto mehr Ereignisse kommen auf diese Personen zu. Die Frage ist nur, ob diese Ereignisse von positiver oder negativer Natur sind und wie sich die beiden Personen gegenüber verhalten.

Beispiel:
Liegt der Baum zwischen zwei Personenkarten, kann dies auf eine gesunde Beziehung hindeuten, die Wurzeln schlägt, sich also festigt. Liegt der Sarg zwischen den Personenkarten, kann die Beziehung zum Stillstand kommen oder kurz vor dem Ende stehen. Der Fuchs könnte demnach auf Betrug, Untreue oder Unehrlichkeit hindeuten, was wiederum die Beziehung gefährden kann. Die Sonne wiederum verheißt eine glückliche und lebendige Beziehung, die sich durch auftretende Schatten nicht beeinträchtigen lässt. Die Sterne bringen ebenfalls Glück und Freude in die Beziehung, weil die Personen sich gemeinsam ihre Wünsche erfüllen können.

Dame und Herr liegen diagonal voneinander getrennt:
Berühren sich die Karten über ihre Eckpunkte, so ist die Beziehung zwar noch sehr stark, aber es gibt bereits Anzeichen, dass sich die Beziehung verändert. Ob dieser Wandel positiv oder negativ zu deuten ist, können Sie wieder über die Umgebungskarten herausfinden. Zusätzlich kann auch die Höhe der Karte wichtig für die Beziehungssituation sein. Blickt beispielsweise die Dame auf den Herrn herab, kann dies auf eine fürsorgliche und liebevolle Frau hindeuten. Kehrt sie ihm den Rücken zu, sehnt sie sich nach Unabhängigkeit und möchte sich vom Mann distanzieren. Befindet sich der Mann in der erhöhten Position, nimmt er die Beschützerrolle ein und blüht in seiner Rolle als Mann auf. Wendet er sich von der Dame ab, so möchte er sich anderweitig umsehen und sein Interesse für die Frau schwindet. Liegen mehrere Karten zwischen den Personenkarten, geben diese wieder Aufschluss über die bevorstehenden Ereignisse und die Entwicklung der Beziehung beider Personen.

Fokus: Beziehung, Liebe & Partnerschaft

Das wohl spannendste Thema der Kartenlegung ist die Liebe. Jeder Mensch möchte natürlich geliebt werden und seinen perfekten Partner finden. Von daher ist es naheliegend, dass sich besonders bei der Kartenlegekunst auf dieses Thema spezialisiert wird. Kaum ein Thema wird häufiger von Kartenlegern behandelt als Liebe und Partnerschaft. Die eigene Unsicherheit befeuert den Umstand, dass wir Menschen mehr über die Liebe erfahren möchten. Schließlich ist sie nicht steuerbar und kann einen treffen wie ein Blitz. Zudem bleiben die Gefühle anderer Menschen oft verborgen und da wäre es sicherlich von Vorteil, wenn die Karten einige Geheimnisse preisgeben würden. Mithilfe der Lenormand-Karten erhalten Sie tiefgründige Antworten zum Thema Liebe und Partnerschaft. Die Karten sind perfekt dafür geeignet, um Liebesbeziehungen zu durchleuchten sowie zukünftige Entwicklungen in Beziehungen zu erkennen. Nach den umfassenden Informationen zu den Lenormand-Karten möchten Sie bestimmt auch das Thema Liebe in Ihren Legungen behandeln. Dieses Kapitel liefert Ihnen dazu die wichtigsten Tipps und Vorgehensweisen, wenn Sie sich mit Liebesorakeln beschäftigen möchten.

LENORMAND – LIEBE UND PARTNERSCHAFT

Bevor Sie loslegen und sich mit Fragen wie: „Liebt er mich?“, oder „Werden wir ein Paar werden?“, in Ihre Legungen stürzen, sollten Sie zunächst überlegen, was Sie von Ihrer Legung überhaupt erwarten. Sie möchten möglichst detaillierte sowie sinnvolle Informationen erhalten. Gehen Sie deshalb mit Bedacht vor und lassen Sie sich nicht zu Ja- oder Nein-Fragen hinreißen, insofern es die Legetechnik nicht erfordert. Bei der ersten Legung zum Thema Liebe werden Sie wahrscheinlich etwas nervös sein. Immerhin wissen Sie nicht, was Sie erwartet, und es könnten auch unangenehme Ergebnisse bei Ihrer Deutung herauskommen. Empfehlenswert ist es, wenn Sie zuvor eine Entspannungsübung durchführen, um den Kopf freizubekommen. Vorab können Sie sich geeignete Fragen notieren und die Personenkarten dementsprechend zuordnen.

Mögliche Fragen könnten sein:

- Wie wird unsere Zukunft als Paar verlaufen?
- Welche Veränderungen wird es in unserer Beziehung geben?
- Was hält die Liebe für mich bereit?
- Was denkt die andere Person über mich?
- Welche Gefühle entwickeln sich?
- Was sind die Absichten meines jetzigen Partners?
- Wann meldet sich mein Herzensmensch?
- Wie sieht unsere gemeinsame Zukunft aus?
- Wie wird sich mein Partner verhalten?
- Wieso ist die Beziehung gescheitert?
- Welche Möglichkeiten ergeben sich für die Beziehung?

Sie müssen sich bei Ihrer Legung nicht nur auf zwei Personen beschränken, sondern können auch andere Personen miteinbeziehen. Diesen Personen weisen Sie eigene Personenkarten zu und berücksichtigen diese in Ihrer Fragestellung.

Beispiel:
Sie möchten Ihre beste Freundin in Ihre Legung miteinbeziehen. Die passende Personenkarte wäre hier der Hund oder eben eine Karte, die den charakterlichen Eigenschaften Ihrer Freundin am nächsten kommt. Ihre Fragestellung könnte wie folgt aussehen:

- Welchen Einfluss hat meine beste Freundin auf meine Beziehung?
- Welche Rolle spielt meine beste Freundin bezüglich meiner Beziehung?

Legen Sie die Karten wie gewohnt aus und betrachten Sie die Positionen der Personenkarten. Deuten Sie die Karten anhand der diagonalen, vertikalen und horizontalen Positionen.

Beachten Sie, dass Ihnen die Karten keine genauen Angaben bezüglich Namen, Zeiten, Ort und anderweitige Daten liefern werden. Die Karten werden Ihnen demnach nicht mitteilen, wie Ihr zukünftiger Partner heißt oder wo er sich aufhält. Dies gilt es durch Ihre eigene Interpretation herauszufinden. Die Aufgabe der Karten ist es, auf Ihre Fragen einzugehen und Ihnen dementsprechende Hinweise zu liefern. Was Sie aus den Hinweisen machen und wie Sie selbst zur Beeinflussung Ihrer Situation beitragen, liegt in Ihrer Hand. Verlassen Sie sich deshalb nicht zu sehr auf die Karten. Weiten Sie Ihren Blick und nehmen Sie die Antworten als wertvolle Hinweise auf, die Sie selbst beeinflussen können.

Bedenken Sie auch, dass die Lenormand-Karten ehrlich und direkt auf Ihre Fragen antworten werden. Das heißt, Ihnen bleibt nichts verborgen oder erspart. Das kann bei manchen Fragen zu unbequemen Wahrheiten führen, die Sie vielleicht emotional überfordern könnten. Stellen Sie deshalb nur Fragen, bei denen Sie auch negative Antworten verkraften können.

KARTENLEGEN ZUM THEMA LIEBE

Das Thema Liebe beinhaltet nicht nur die schönen Seiten wie Verliebtheit, Freude und Glücksgefühle. Es behandelt auch Eifersucht, Untreue, toxische Verbindungen und Auseinandersetzungen. Je nachdem, welche Fragestellung sich für Sie ergibt, können die Karten Ihnen bezüglich Ihrer Beziehung wortwörtlich die Augen öffnen. Für den ein oder anderen können diese Erkenntnisse schwer zu verdauen sein und noch lange nachhallen. Aber vielleicht erhalten Sie auch freudige Botschaften, die Ihre Schmetterlinge im Bauch wieder zum Leben erwecken. Das Tolle an den Lenormand-Karten ist, dass es so viele Deutungsmöglichkeiten gibt und es immer wieder spannend ist zu sehen, was die Karten einem mitteilen möchten. Gerade bei einem so vielschichtigen Thema wie die Liebe wird Ihnen jede Legung neue interessante Antworten liefern. Selbst erfahrene Kartenleger sind immer wieder überrascht, welche Hinweise die Lenormand-Karten aufdecken. Es wird also niemals langweilig werden.

Wenn Sie sich das erste Mal an das Thema Liebe heranwagen, sollten Sie nichts überstürzen und zuerst mit der Dreier Kombination beginnen. Zwar bedeuten mehr Karten gleichzeitig auch mehr Antworten, aber wenn Sie diese noch nicht komplett deuten können, hilft Ihnen diese Fülle an Informationen nicht weiter. Die Dreier Kombination gibt Ihnen einen guten Einstieg und verrät gleichzeitig viel über die Liebe.

Dreier Kombination

Mit der Dreier Kombination wird normalerweise ein Bezug zwischen Vergangenheit und Zukunft hergestellt. Dieses Vorgehen kann für Beziehungsprobleme spannend sein oder aber auch Verhaltensmuster analysieren, die in einer Beziehung auftreten können. Die Deutung kann hier komplizierter werden, je nachdem welche Fragestellung sich ergibt. Eine vereinfachte Deutungsform ist es, die Karten von links nach rechts zu legen, ohne dabei die mittlere Karte als Hauptkarte anzusehen. Wenn Sie so vorgehen möchten, können Sie einfach Ihre Frage stellen und die Karten von links nach rechts wie eine Geschichte zusammenfügen.

Beispiel-Legung zum Thema Liebe:
Mischen Sie die Karten gut durch und stellen dabei Ihre Frage. Ihre Frage könnte demnach wie folgt lauten:
Wie steht es momentan um meine Beziehung?

Dabei legen Sie die untenstehenden Karten aus und versuchen diese von links nach rechts zu deuten. Sie können aus diesen drei Karten einen kurzen Satz bilden, der Ihnen schon eine erste Einschätzung liefert.

Die Rute	**Der Turm**	**Der Schlüssel**

Streit, Auseinandersetzung	Unvorhersehbare Ereignisse	Vergangenes abschließen

Wenn Sie aus den drei Karten jetzt einen Satz bilden, würde demnach dies herauskommen:
Ein Streit bringt unvorhersehbare Ereignisse hervor, wodurch Sie mit Ihrer Vergangenheit abschließen werden.

Diese Deutung wird Sie sicherlich überraschen, besonders wenn es momentan in Ihrer Beziehung keine Anzeichen für eine dramatische Auseinandersetzung gibt. Die Karten deuten also auf einen Streit zwischen Ihnen und Ihrem Partner hin. Dieser Streit bringt einschneidende

Ereignisse hervor, die zu einer Trennung führen können. Jedoch ist nicht klar, wodurch der Streit ausgelöst wird und welche Ereignisse Sie dazu bringen, mit der Vergangenheit abzuschließen. Möchten Sie den Grund für die Auseinandersetzung erfahren, können Sie eine weitere Frage stellen und so mehr Details herausfinden.

Was ist der Grund für die Auseinandersetzung mit meinem Partner?

Mischen Sie die Karten wieder gut durch, damit die Karten nicht mehr energetisch miteinander verbunden sind. Als Antwort könnten Sie folgende Karten erhalten:

Der Sarg	Der Reiter	Das Buch
Verlust, Kummer, Belastung	Schlechte Nachrichten	Geheimnisse, Einsicht

Wenn Sie jetzt wieder alle drei Karten zu einem Satz zusammenfügen, kommt Folgendes als Antwort heraus:

Ein Verlust bringt schlechte Nachrichten und deckt Geheimnisse auf.

Sie wissen jetzt also, dass es bei dem Streit um eine seelische Belastung geht, die noch dazu Geheimnisse aufdeckt. Daraus entstehen Ereignisse, die zu einem Abschluss mit Ihrer Vergangenheit führen. Möchten Sie jetzt noch die Ereignisse herausfinden, stellen Sie eine weitere Frage, die beispielsweise so lauten könnte:

Welche einschneidenden Ereignisse kommen auf mich und meinen Partner zu?

Die letzten drei Karten zeigen Ihnen nun, wo Sie ansetzen können, um Ihre Zukunft zu beeinflussen.

Der Klee	Der Hund	Die Mäuse
Das Glück	Ein Freund, eine Freundin	Diebstahl, Betrug

Den Karten ist hier wieder ein klarer Satz zu entnehmen:
Das Glück wird Ihnen durch einen Freund oder eine Freundin gestohlen.

Mit anderen Worten, ein treuer Freund oder eine treue Freundin drängt sich in Ihre Beziehung und betrügt Sie. Das sind sicherlich keine erfreulichen Nachrichten und Sie sollten ab diesem Zeitpunkt wachsamer mit Ihrer Beziehung umgehen. Möglicherweise können Sie das Unheil noch abwenden, indem Sie sich voll auf Ihren Partner konzentrieren und an Ihren Beziehungsproblemen arbeiten. Auch ein Umdenken bezüglich Ihrer Reaktionen kann die Situation grundlegend in eine andere Richtung verschieben. Die Karten geben Ihnen wertvolle Anhaltspunkte und sind nicht als abgeschlossene Zukunft anzusehen. Vielmehr haben Sie noch die Chance, einzugreifen und den weiteren Verlauf in andere Bahnen zu lenken.

DIE KLEINE TAFEL DER LIEBE IM LENORMAND

Sind Sie schon etwas geübter, können Sie mit der kleinen Tafel, also der 9er-Legung, ausführlichere Legungen durchführen. Mit neun Karten wird die Antwort fokussierter und Sie erhalten detaillierte Informationen zu Ihrer Fragestellung. Bei der großen Tafel treffen viele Informationen zusammen, sodass das Wesentliche hinter der Bilderflut verschwindet. Mit der 9er-Legung werden Informationen genau auf den Punkt gebracht, ohne von etwas abzulenken. Sie ist besonders dafür geeignet, wenn Sie genauere Hinweise zu einer bestehenden Beziehung erfahren möchten. Auch, um die Verbindung zu einer anderen Person zu analysieren, mit der Sie vielleicht noch nicht zusammen sind, eignet sich die 9er-Legung. Ebenso, um andere Personen in die Fragestellung miteinzubeziehen.

Beispiellegung:
Mischen Sie die Karten gut durch und fächern Sie diese vor sich auf. Ziehen Sie nun neun Karten heraus und legen Sie diese nach ihrer Reihenfolge aus. Nehmen Sie dazu am besten noch einmal das Kapitel Deutungstechnik zur Hand. Stellen Sie Ihre Frage und legen Sie die erste Karte in die Mitte. Dies ist Ihre Ausgangskarte, auf die sich alle Deutungen beziehen werden. Diese Karte gibt Ihnen eine erste Prognose und im weiteren Verlauf der Deutung verbindet Sie alle Karten miteinander. Liegt schon zu Beginn eine negative Karte wie der Sarg in der Mitte, ist das Scheitern schon fest beschlossene Sache. Mit einer positiven Karte wachsen Hoffnung und Zuversicht. Die umliegenden Karten geben Details preis und unterstützen die anfängliche Prognose.

Ihre Frage könnte demnach lauten:
Wie erobere ich das Herz meiner großen Liebe?

Sie legen beispielsweise die nachfolgenden Karten in der vorgegebenen Reihenfolge aus und erhalten bereits eine erste Einschätzung.

2: Der Herr	3: Der Anker	4: Der Brief
Männliche Signifikatorkarte, Herzensmensch oder Sie selbst	Feste Heimat, Sicherheit, Halt	Nachrichten, Aufmerksamkeit schenken
5: Das Kreuz	1: Die Wolken	6: Der Ring
Anstrengungen, Leid	Unsicherheit, Schwierigkeiten	Enge Verbindung
7: Die Sonne	8: Der Reiter	9: Die Dame
Optimismus, Heiterkeit	Neuigkeiten, Nachrichten werden überbracht	Weibliche Signifikatorkarte, Herzensmensch oder Sie selbst

Beispieldeutung diagonal und vertikal:

Wenn wir uns jetzt an die Deutung begeben, beginnen wir zunächst mit der Ausgangskarte. Dies wären im Beispiel die Wolken. Aus den Wolken ergibt sich eine erste Einschätzung der Situation. Sie haben gefragt, wie Sie das Herz Ihrer großen Liebe erobern können und die Wolken geben Ihnen darauf eine klare Antwort. Es steht eine große Unsicherheit zwischen Ihnen und Ihrem Herzensmenschen im Raum. Das könnte bedeuten, dass dunkle Wolken aufziehen und diese Wolken Ihr Vorhaben behindern können. Betrachten wir die Signifikatorkarten, bestätigt sich diese Annahme. Die Signifikatorkarten befinden sich an den Eckpunkten der Legung und repräsentieren Sie und Ihren Herzensmenschen, je nachdem ob Sie weiblich oder männlich sind. Diagonal dazwischen liegen die Wolken und weisen auf beiderseitige Unsicherheit hin. Die Entfernung der Signifikatorkarten zueinander spielt ebenfalls eine große Rolle. Sie berühren sich nicht und stehen demnach noch in keiner näheren Verbindung zueinander. Es gibt also nur einseitige Sympathien. Dieser Umstand wird die Eroberung erschweren. Darauf deuten auch die umliegenden Karten hin. Berücksichtigen wir die Stellung des Kreuzes, wird schnell klar, dass es in Kombination mit den Wolken ein anstrengendes Unterfangen wird, Ihren Schwarm für sich zu gewinnen. Selbst der Ring in Kombination mit den Wolken weist auf unklare Beziehungsverhältnisse hin. Der Grund hierfür könnte der Anker sein, der Ihren Schwarm zurückhält und ihn kein Risiko eingehen lässt. Jedoch zeigen der Reiter und auch der Brief an, dass Sie eine Nachricht erhalten werden, die in Kombination mit den Wolken auf kein positives Ergebnis schließen lässt. Einzig allein die Sonne verspricht Hoffnung, welche jedoch durch die Unsicherheiten von allen Seiten getrübt wird.

Beispieldeutung Zirkel:
Ausgehend von den Wolken befindet sich die Unsicherheit beim Mann, weil dieser vielleicht seine Sicherheit in Form von Familie oder Heimat nicht aufgeben möchte. Darauf lässt der Anker in direkter Umgebung zum Herrn schließen. Der Mann kann Sie oder Ihren Schwarm repräsentieren. Bewegen wir uns der Reihenfolge nach weiter, deutet der Brief eine Nachricht an, bei dem die Frau ihr Interesse am Mann preisgibt. Der Ring zeigt, dass sie sich eine Beziehung vorstellen kann. Der Reiter bringt hoffnungsvolle Nachrichten für die Frau, welche jedoch durch Unsicherheit und anstrengenden Bemühungen an Wert verlieren. Darauf weist das Kreuz hin, welches in direkter Umgebung zu den Wolken steht. Der Mann lässt die Frau demnach nicht an sich heran, macht ihr jedoch Hoffnungen, wodurch die Frau großen Kummer erfährt. Die ganze Beziehung zueinander ist von Unsicherheit geprägt. Die Karten raten dazu, noch nicht zur Tat zu schreiten, weil es viele Unklarheiten bezüglich der Gesamtsituation gibt.

Betrachten wir die gesamte Deutung wird schnell klar, dass es eine große Herausforderung werden wird, das Herz Ihres Schwarms zu erobern. Es kann aufgrund der auftretenden Schwierigkeiten und Unsicherheiten nahezu unmöglich werden, Ihr Ziel zu erreichen. Die Karten zeigen Ihnen aber auch, welcher Grund dahintersteckt. Somit können Sie vielleicht auf die Ängste und Unsicherheiten reagieren, was die Situation zum Positiven verändert.

BEISPIEL LIEBE: KLEINE TAFEL 5X3

Da Sie jetzt viele Möglichkeiten kennengelernt haben, Ihre Lenormand-Karten zu befragen, befassen wir uns mit einer letzten und zugleich detailreichen Legung zum Thema Liebe. Die kleine Tafel ist das verkleinerte Pendant zur großen Tafel. Hier werden jeweils fünf Karten in drei Reihen ausgelegt. Diese Legung eignet sich besonders, wenn Sie sich schon in einer festen Partnerschaft befinden und herausfinden möchten, wie sich Ihre Beziehung weiterentwickeln wird. Aber auch als Single können Sie hier einen Blick in Ihre Zukunft werfen. Mit dieser Legevariante werden vergangene, derzeitige und zukünftige Beziehungen behandelt. Die Karten werden von links nach rechts platziert und auch in dieser Reihenfolge gelesen. Sie beginnen mit der ersten Reihe, welche Ihre gemeinsame Vergangenheit darstellt. Die zweite Reihe steht für den jetzigen Stand Ihrer Beziehung. Die dritte Reihe zeigt, wohin Ihre Beziehung führen wird. Sie können eine spezifische Frage stellen oder auch nur die Karten auslegen, um zu sehen, welche Geschichte Ihnen die Karten erzählen möchten. Achten Sie bei dieser Legung darauf, wo sich die Signifikatorkarten der Herr und die Dame befinden, wenn diese ausgelegt wurden. Diese Positionen geben Aufschluss über Sie selbst oder Ihren Partner. Befinden sich die Signifikatorkarten in der ersten Reihe, verweilen Sie oder Ihr Partner in Gedanken noch in der Vergangenheit. Sind die Signifikatorkarten in der zweiten Reihe, zählt für Sie das Hier und Jetzt. Die dritte Reihe zeigt, dass Sie sich schon mit der Zukunft Ihrer Beziehung befassen. Vermischen Sie die drei Reihen der Legung nicht miteinander, da jede Reihe für sich selbst steht. Hier kommt es nicht auf diagonale oder vertikale Verbindungen an. Einzig und allein die horizontale Verbindung der Karten ist von Bedeutung. Einzige Ausnahme: Die Signifikatorkarten. Beim Herrn und bei der Dame dürfen Sie einen Blick auf die umliegenden Karten werfen, da diese Karten direkten Einfluss auf Sie als fragestellende Person haben. Betrachten Sie aber nur die unmittelbar angrenzenden Karten. Liegt also der Herr mittig in der Legung, haben Sie insgesamt acht Karten, die Sie mit dem Herrn in Verbindung bringen können. Konzentrieren Sie sich für den Anfang zunächst auf eine Reihe und arbeiten Sie sich dann zur zweiten und dritten Reihe vor. So vermeiden Sie Irritationen und verlieren nicht den Überblick.

Im Folgenden könnte das Kartenbild beispielsweise so aussehen:

Vergangenheit	Der Baum	Das Kreuz	Der Brief	Die Mäuse	Der Blumenstrauß

	Gesundheit, Stabilität	Anstrengungen, Leid, Kummer	Nachricht, eine neue Botschaft	Verlust, Diebstahl	Geschenk, Glücksbote
Gegen-wart	Die Sterne	Der Mond	Der Berg	Der Storch	Der Herr

	Erfolg, ein Wunsch erfüllt sich	Emotionalität, unbewusste Gefühle	Hindernisse, Ziele erreichen	Veränderungen, Umzug	Signifikator, Fragesteller
Zukunft	Die Sonne	Die Sense	Die Wolken	Der Hund	Der Garten

	Fröhlichkeit, Optimismus	Abschluss, Trennung	Unsicherheit, Streit	Freund oder Freundin	Gesellschaft, Paradies

Beispieldeutung:

Suchen wir zunächst die Signifikatorkarten aus der Legung heraus, finden wir den Herrn in der zweiten Reihe vor. Dies bedeutet, Sie oder Ihr Partner befinden sich mit Ihren Gedanken vollkommen in der Gegenwart. Was in der Vergangenheit geschehen ist, wird nicht mehr beachtet.

Vergangenheit:

Der Baum verweist auf die Gesundheit, wobei hier die körperliche Gesundheit oder aber auch eine gesunde Beziehung gemeint sein kann. Diese Beziehung wurde durch erhebliche Anstrengungen belastet, welche von Anfang an für Schwierigkeiten gesorgt haben. Darauf deutet das Kreuz hin. Der Brief verweist auf eine wichtige Nachricht, welche in Kombination mit den Mäusen zu einem finanziellen Verlust geführt hat. Der Blumenstrauß zeigt hier, dass schlussendlich die gegenseitige Zuneigung das Übel abgewehrt hat. Die ersten Hürden sind somit überwunden und die Beziehung hat sich wieder stabilisiert.

Gegenwart:

Die Sterne legen offen, dass sich gemeinsame Wünsche erfüllt und in Kombination mit dem Mond zu intensiven Gefühlen und Emotionen geführt haben. Trotz des gemeinsamen Glücks verweist der Berg auf weitere Hindernisse, die in der Beziehung zu bewältigen sind. Der Storch in direkter Umgebung zum Herrn zeigt an, dass es Veränderungen in der Beziehung gibt, die sich auf Ihre und auf die Persönlichkeit Ihres Partners auswirken können.

Zukunft:

Die Beziehung erscheint laut Sonne, zunächst glücklich und ausgewogen. Daraufhin bringt die Sense in Kombination mit den Wolken Unsicherheit und Gefahr. Die Beziehung droht zu scheitern. Der Grund hierfür könnte an der Kombination Wolken und Hund liegen. Diese Kombination deutet auf Untreue hin, welche die Beziehung auf eine harte Probe stellt. Der Garten warnt demnach vor einem falschen Freund, der sich in der Zukunft in die Beziehung hineindrängen könnte.

Bonus: Traumdeutung mit den Lenormand-Karten

Lenormand-Karten sind hilfreiche Wegweiser, die zu erstaunlichen Antworten gelangen, wenn man sich darauf einlässt. Es ist teilweise faszinierend und erschreckend zugleich, mit welcher Präzision die Karten einen Einblick in das Schicksal geben können. Aber nicht nur als Orakel sind die Karten für Kartenleger interessant. Selbst, für die Traumdeutung lassen sich die Karten sehr gut nutzen. Somit können Sie Ihren Traum anhand einer Legung entschlüsseln und die Thematik noch weiter vertiefen.

In der Nacht durchlebt der Mensch verschiedene Traumphasen und das Gehirn ist im Schlaf noch sehr aktiv. Träume können in nahezu jeder Phase auftreten, wobei die REM-Phase(REM= Rapid eye movement) besonders intensiv erlebt wird. Im Traum erschafft das Gehirn ein völlig anderes Bewusstsein und holt Gefühle und Erinnerungen aus dem Unterbewusstsein heraus. Für die Wissenschaft sind Träume rational zu betrachten und sollen demnach nur zufällige Nervenaktivitäten sein. Doch Träume sind oft so komplex, als dass diese These ausreichen würde.

Träume wecken die eigenen Instinkte und verarbeiten all die Dinge, die tagsüber kaum wahrgenommen wurden. Trotz allem wird jedes Ereignis und jedes Gefühl in der Nacht besonders präsent. Träume greifen auf das Unterbewusstsein zu und geben all die verborgenen Gefühle preis, die wir Menschen versuchen zu unterdrücken.

Im Traum können Informationen freigelegt werden, die man selbst vielleicht gar nicht bewusst abgespeichert hat. Das macht die Traumdeutung so interessant. Im Traum gibt es keine logischen Gesetze, die eingehalten werden müssen, alles ist möglich. Dies kann oft zu bizarren Träumen führen, die der Träumende kaum bis gar nicht nachvollziehen kann, wenn er sich nicht gerade mit seinem Unterbewusstsein beschäftigen möchte. Das, was nach den kuriosen Träumen folgt, ist meist Verwirrung. Immerhin begegnen einem im normalen Alltag keine außergewöhnlichen Ereignisse, die alle Naturgesetze außer Kraft setzen. Im Traum ist dies möglich. Das Gehirn arbeitet nachts weiter und entzieht sich dem bewussten Ego, welches tagsüber für das rationale Denken zuständig ist. Doch können Träume, so verwirrend sie auch sein mögen, tatsächlich kreative Lösungshilfen sein. Dazu müssen Sie allerdings lernen, Ihre Träume zu entschlüsseln. Die Lenormand-Karten können Ihnen dabei helfen, Ihre Träume besser zu verstehen. Sie sind ein wertvolles Werkzeug zur Traumdeutung, wenn Sie wissen, wie Sie die Karten dafür verwenden.

DEUTUNG EINES TRAUMS MITHILFE DER LENORMAND-KARTEN

Der Mensch erhält fast jede Nacht Zugang zu seinen Träumen. Die Kunst ist es, sich hinterher wieder an diese Träume zu erinnern. Denn genau das ist größtenteils das Problem. Viele Träume geraten in Vergessenheit und erhalten keine Aufmerksamkeit mehr, weil sich der Alltag dazwischen drängt. Manchmal kann es aber auch vorkommen, dass Träume sich urplötzlich wieder ins Gedächtnis schleichen, sobald man zur Ruhe kommt. Das ist aber nicht bei allen Träumen der Fall. Meistens können sich die Menschen nicht an ihre Träume erinnern, weil sie sofort aus dem Bett springen und dem Gehirn keine Möglichkeit geben sich zu orientieren.

Hier kann es von Vorteil sein, wenn Sie es sich zur Aufgabe machen, morgens ein paar Minuten liegenzubleiben, damit Ihr Gehirn die Erinnerungen an den Traum abspeichern kann. Dabei sollten Sie möglichst ruhig liegen und die Gedanken schweifen lassen. Sagen Sie sich auch abends vor dem Schlafengehen, dass Sie sich an Ihre Träume erinnern werden. Sprechen Sie sich einen kurzen prägnanten Satz vor, der auf Ihr Unterbewusstsein wirken soll.

Beispiel:
„Ich werde mich an meine Träume erinnern."

Bei der Traumdeutung mithilfe der Lenormand-Karten sollten Sie wie folgt vorgehen:

Traum notieren

Empfehlenswert ist das Führen eines Traumtagebuchs, welches Sie auf Ihrem Nachttisch platzieren. Jeden Morgen, wenn Sie aufwachen, schreiben Sie alle Einzelheiten Ihres Traums in das Tagebuch. Wichtig ist, dass Sie dies sofort tun, weil dann Ihre Erinnerungen noch frisch sind und Sie so keine Details vergessen. Im Laufe des Tages fallen Ihnen vielleicht noch weitere Details ein, die Sie in Ihr Traumtagebuch übertragen möchten. Beachten Sie auch Situationen oder Symbole, bei denen sich in Ihnen starke emotionale Reaktionen zeigen. Diese Symbole sind für die spätere Deutung besonders relevant. Sobald Sie Ihren Traum ausführlich beschrieben haben, gehen Sie zum nächsten Schritt über.

Traumsymbole zuordnen

Betrachten Sie die Traumsymbole, die Ihnen im Traum begegnet sind. In welchen Symbolen können Sie schon von vorneherein eine Botschaft erkennen? Notieren Sie sich Ihre Einschätzung und beginnen Sie damit, die einzelnen Symbole den Lenormand-Karten zuzuordnen. Das heißt, wenn Ihnen im Traum Ihr Partner begegnet ist, wird dieser dem Herrn zugeordnet. Bei einer hinterlistigen Freundin ist es beispielsweise die Schlange. Ein treuer Freund, mit dem Sie ein Abenteuer erleben, ordnen Sie bestenfalls dem Hund zu. Verlassen Sie sich bei Ihrer Zuordnung unbedingt auf Ihr Bauchgefühl und beziehen Sie Ihre Gefühle bei der Zuordnung mit ein. Gibt es in Ihrem Traum eine Bedrohung, können Sie entweder auf die Wolken oder auf die Sense zurückgreifen. Je nach Kontext ist es ratsam, auf Details zu achten, damit Sie bei der Zuordnung die richtige Wahl treffen.

Große Tafel auslegen

Haben Sie alle Symbole einer Karte zugeordnet, können Sie dazu übergehen, die große Tafel auszulegen. Legen Sie sich Ihre Notizen neben das Kartenbild und skizzieren Sie die Positionen der Karten große zusätzlich auf einem separaten Blatt. Hier können Sie während der Legung Aufzeichnungen erstellen, die Ihnen bei der Deutung weiterhelfen.

Kartenbild deuten

Legen Sie zunächst fest, wie Sie bei der Deutung vorgehen möchten. Auch die Form der Auslage ist wichtig. Vielleicht möchten Sie mit der 9x4 oder der 8x4 Auslage arbeiten, je nachdem, ob Sie die Schicksalskarten miteinbeziehen möchten. Für das Deuten von Träumen sind Schicksalskarten möglicherweise sehr interessant. Danach betrachten Sie die Position Ihrer Signifikatorkarte und deuten zunächst die Häuserposition, in der sich Ihre Karte befindet. Fahren Sie mit der Zirkeldeutung fort und widmen Sie sich weiteren Deutungssträngen, wie den diagonalen Linien oder dem Korrespondieren. Fertigen Sie zu jeder Deutung Notizen an, die Sie später noch einmal in Ruhe durchgehen.

BEISPIEL ZUR TRAUMDEUTUNG

Damit Ihnen die Deutung Ihrer Träume leichter fällt, kommen wir nun zu einem Beispieltraum, der mithilfe der Traumsymbole und auch mit den Lenormand-Karten gedeutet wurde.

Angenommen, Sie durchleben den nachstehenden Traum:

Sie stehen an einer Mauer und vor Ihnen liegt das Meer. Sie hören das Rauschen der Wellen und sehen, wie die Wellen an den Klippen brechen. Der Wind streift Ihr Gesicht und es wird zunehmend kälter. Über Ihnen kreisen Möwen und Sie sehen, wie die Möwen am Horizont verschwinden. Der Wind wird nun immer stärker und die Wolken ziehen sich zu einem Unwetter zusammen. Auf dem Meer entdecken Sie ein kleines Segelboot, das zu kentern droht. Der Wellengang wird immer stürmischer. Auf dem Segelboot befindet sich Ihre beste Freundin und ruft um Hilfe. Sie stehen an der Mauer und sind starr vor Angst. Sie können sich nicht rühren. Es scheint, als würden Sie von einer Barriere zurückgehalten. Sie versuchen, über die Mauer zu klettern, doch eine unsichtbare Kraft wirft Sie zurück. Sie müssen mitansehen, wie das Segelboot hinter den Wellen verschwindet.

Sie erwachen und verspüren ein mulmiges Gefühl in der Magengegend. Besonders negative Gefühle verbinden Sie mit dem Verschwinden Ihrer Freundin und dem Gefühl der Hilflosigkeit, als Sie im Traum zurückgehalten wurden. Diese Gefühle sind später noch einmal relevant, wenn es um die Deutung geht.

Damit Sie den Traum mithilfe der Karten gründlich analysieren können, sollten Sie Schritt für Schritt vorgehen. Hier sehen Sie die Vorgehensweise noch einmal kurz zusammengefasst:

- Die wichtigsten Traumsymbole werden herausgefiltert.
- Die Traumsymbole werden bestimmten Lenormand-Karten zugeordnet.

- Sie legen die große Tafel aus.
- Sie bestimmen die Signifikatorkarte.
- Sie deuten die Karten nach bestimmten Methoden bzw. Deutungssträngen.

Der erste Schritt wäre demnach, die Traumsymbole herauszufinden, mit denen Sie die stärksten Emotionen verbinden. Die wichtigsten Traumsymbole wären in diesem Traum beispielsweise die Mauer, das Meer, die Möwen, die Wolken, das Segelboot und die beste Freundin. Diese Traumsymbole ordnen Sie nun passenden Lenormand-Karten zu.

Die Mauer: der Berg (Hindernisse, Schwierigkeiten)
Das Meer: die Fische (das Unterbewusstsein, Emotionen)
Die Möwen: die Eulen/die Vögel (Konfrontation, kurze Reise)
Die Wolken: die Wolken (Probleme, Unannehmlichkeiten)
Das Segelboot: das Schiff (störende negative Einflüsse, Probleme auf der Reise)
Die beste Freundin: der Hund (wahre Freundschaft, Loyalität)

Auf diesen Karten sollte nun das Hauptaugenmerk liegen. Mischen Sie die Karten gut durch und stellen Sie beispielsweise die Frage:
Was hat es mit meinem Traum auf sich?

Legen Sie die große Tafel aus und betrachten Sie die Position Ihrer Signifikatorkarte. In welchem Haus befindet sich die Karte? Da es sich im Beispiel um eine 9x4 Legung handelt, wird bewusst auf das Spiegeln und Korrespondieren verzichtet. Dies eignet sich eher für eine 8x4 Auslage, weil sich das Kartenbild gleichmäßiger aufteilen lässt. Im Beispiel konzentrieren wir uns auf die Umgebungskarten, diagonale, vertikale, horizontale Beziehungen sowie die Eckpunkte. Dies wird für eine umfassende Deutung des Traums ausreichen.

9 Mäuse	18 Rute	27 Weg	36 Mond
8 Anker	17 Sense	26 Haus	35 Sonne
7 Storch	16 Blumenstrauß	25 Bär	34 Ring
6 Kreuz	15 Lilien	24 Kind	33 Herz
5 Berg	14 Hund	23 Wolken	32 Brief
4 Schlüssel	13 Dame	22 Buch	31 Fische
3 Eulen/Vögel	12 Sterne	21 Schiff	30 Sarg
2 Turm	11 Fuchs	20 Reiter	29 Baum
1 Herr	10 Garten	19 Schlangen	28 Klee

Deutung:

Befassen wir uns zuerst mit der Signifikatorkarte. Diese Karte ist im Beispiel die Dame, welche sich auf der Position 13 befindet und somit im Haus des Kindes steht. Diese Kombination kann darauf hindeuten, dass die fragestellende Person in mancher Hinsicht zu Naivität neigt. In Bezug auf die vertikalen Linien sagt der Schlüssel einen Abschluss einer Situation voraus. Das Buch deutet auf Geheimnisse hin, die in Kombination mit den Fischen zu starker Emotionalität führen können. In der horizontalen Linie zeigen der Garten und der Fuchs, dass Lügen an die Öffentlichkeit gelangen, die, so prophezeien es die Sterne, einen Betrug nach sich ziehen. Ausgehend von der Dame befindet sich der Hund, welcher auf eine gute Freundin hinweist. Diese Freundin ist wohl sexuell sehr aktiv und scheut nicht davor zurück, dies auch im gemeinsamen Freundeskreis auszuleben. Der Blumenstrauß und die Sense zeigen eine Gefahr für die fragestellende Person, die womöglich die eigene Beziehung betrifft. Auch die Rute deutet auf einen Streit hin, der möglicherweise durch Fehlverhalten der Freundin hervorgerufen wird. Deutet man die komplette Reihe, so geht es höchstwahrscheinlich um Untreue in der Beziehung. Auch die diagonalen Linien bestätigen Schwierigkeiten in der Beziehung. Die Eulen/Vögel weisen auf innere Unruhe hin. Die Wolken in Kombination mit dem Herz zeigen ebenfalls eine Belastung in der Beziehung an. Schaut man sich die zweite diagonale Linie an, so stellen sich der Dame Hindernisse in den Weg, die dazu führen, dass die Dame sich nach einer veränderten Lebenssituation sehnt. Der Berg verweist auf die Hindernisse, die damit einhergehen. Das Schiff in Kombination mit dem Baum zeigen die Sehnsucht nach einer gesunden Beziehung an. Die Eckkarten verstärken den Verdacht der Untreue des Partners, da sich der Herr in Kombination mit den Mäusen, dem Klee und dem Mond zeigt. Deutet man die Eckpunkte in Bezug zu den restlichen Karten, stiehlt die beste Freundin also den Partner und raubt so dem Liebespaar das Glück.

Beziehen wir uns noch einmal auf den Traum, so steht also das Ende einer Freundschaft bevor. Das Meer weist auf die überwältigenden Gefühle bezüglich des Betruges der Freundin hin. Der Grund ist laut Kartenlegung die Untreue des Partners und die Illoyalität der besten Freundin. Dies erklärt, weshalb sich die Freundin auf einem Segelboot befindet. Die Freundin bewegt sich durch ihren Fehltritt immer weiter weg und zerstört letztendlich die Freundschaft. Die Möwen sowie das aufziehende Unwetter weisen auf den bevorstehenden Konflikt zwischen Ihnen und Ihrer Freundin hin. Dass diese Freundschaft nicht mehr zu retten ist, zeigt die Mauer, die Sie am Ende des Traums davon abhält, einen Schritt auf Ihre Freundin zuzugehen.

BEDEUTUNG DER LENORMAND-KARTEN IN DER TRAUMDEUTUNG

Manche Träume sind überraschend und enthalten eine Vielzahl an Symbolen. Da fällt es schwer, den Sinn hinter all diesen Symbolen zu erkennen. Es gibt unzählige Traumsymbole, die sich in den verschiedensten Variationen zeigen können. Das heißt, ein Symbol kann, wenn es sich in seiner Präsenz verändert, zu einem völlig neuen Kontext führen. Das kann die Farbe eines Gegenstandes sein, der Ort des Geschehens, die Handlung an sich oder auch die Optik. Auch die Verbindung der Traumsymbole ist nicht zu vernachlässigen. Einzeln betrachtet wird Ihnen ein Traumsymbol wenig über Sie selbst verraten können, da sich die Symbole nicht verallgemeinern lassen. Jeder Mensch träumt individuell und deshalb können sich auch die Traumsymbole von Mensch zu Mensch unterscheiden.

Nicht nur die typischen Traumsymbole, sondern auch die Bildsymbole der Lenormand-Karten können Ihnen durchaus im Traum begegnen. Meist treten diese Symbole in veränderter Form in Erscheinung. Aber es kann vorkommen, dass Sie beispielsweise von einem Sarg oder einer Eule träumen. Hier finden Sie eine kleine Übersicht zu den Traumdeutungen der 36 Lenormand-Symbole. Diese Symbole können sich deutlich zeigen oder aber hinter anderen Symbolen verstecken. Beispielsweise kann ein Mann im Auto als Reiter angesehen werden. Auch eine Blumenwiese kann für den Blumenstrauß oder aber für den Garten stehen. Lassen Sie sich hier von Ihrem Bauchgefühl leiten und schlagen Sie durchaus erweiterte Traumsymbole im Internet nach, wenn Sie sich unsicher sind.

Reiter: Kraft, Bewegung, Erotik und unbändige Energie
Klee: Fruchtbarkeit, Wachstum, Glück, Vereinigung
Schiff: Das eigene Bewusstsein
Haus: Auseinandersetzung mit der eigenen Persönlichkeit
Baum: Erleuchtung, Wachstum des Träumenden
Dunkle Wolken/helle Wolken: Trübsal, Krankheit, Sorgen/ eine frohe Zeit
Schlangen: Neider, Eifersucht, Unglück
Sarg: Das Ende eines Prozesses, der Tod
Blumenstrauß: Freudige Momente im Leben
Sense: Todessymbol, ein Lebensabschnitt endet
Rute: Vorankommen und Veränderungen, Streit
Eulen/Vögel: Wachsamkeit, Probleme lösen
Kind: Lebenskraft und Daseinsfreude
Fuchs: Klugheit, Instinkte, Intuition, Gerissenheit
Bär: Gewaltige Kraft, Täuschung
Stern: Orientierung, erfolgreich sein
Storch: Gesundheit, Wohlstand, Familienzuwachs
Hund: Instinkte, animalische Triebe
Turm: Geltungsbedürfnis, das Streben nach Erfolg
Garten: Ort des Wachstums, Entwicklung, Gleichgewicht
Berg: Schwierigkeiten, Mühe und Einsamkeit
Weg: Persönliche Entscheidungen, Selbstbestimmung
Mäuse: Ohnmachtsgefühle, Macht, Auseinandersetzung mit der Wahrheit
Herz: Liebe, Sehnsucht, Hingebung
Ring: Unendlichkeit, Kreislauf, starke Verbindung
Buch: Auseinandersetzung mit der Realität, Wissen und Weisheit
Brief: Verbindung herstellen, Kommunikation
Herr: Vaterfigur, autoritäre Person, Machtmissbrauch
Dame: Mutterfigur, Sensibilität, Bewusstsein
Lilien: Unschuld, Sehnsucht, Macht
Sonne: Unsterblichkeit, schöpferische Energie
Mond: Starke Bedürfnisse, Emotionen, Wandel

Schlüssel: Neue Einstellungen, Erinnerungen, neue Denkmuster, verborgene Erlebnisse
Fische: Die eigene komplexe Persönlichkeit, verborgene Gefühle, Unterbewusstsein
Anker: Eine Fülle an Gefühlen, Sicherheit und Halt
Kreuz: Richtungsweisend, Belastungen, eigener Standpunkt

Tipp für die Traumdeutung mit den Lenormand-Symbolen:
Träumen Sie beispielsweise von einem bestimmten Symbol, welches sich auch in den Lenormand-Karten finden lässt, beziehen Sie auch andere auftretende Traumsymbole in Ihre Deutung mit ein. Hören Sie dabei unbedingt auf Ihr Bauchgefühl und richten Sie Ihren Fokus auch auf Ihre Gefühle, während des Traumes. Ihre Gefühle weisen Ihnen den Weg und können Traumsymbole verstärken oder eben in eine ganz andere Richtung lenken. Hilfreich ist es, wenn Sie zusätzlich in Ihr Traumtagebuch Gefühle notieren und diesen Gefühlen die dazugehörigen Traumsymbole zuordnen. Das macht es später einfacher für Sie, den Sinn hinter den Traumsymbolen zu erkennen. Zudem erhalten Sie so einen besseren Zugang zu Ihrem Unterbewusstsein.

Hier geht's zu Ihren Lenormand-Karten zum Ausdrucken:

https://bit.ly/451aZhy

Auf dem Weg zur Wahrsagerei

Sie konnten mithilfe dieses Buches in die faszinierende Welt der Lenormand-Karten eintauchen. Außerdem halten Sie mit diesem Buch einen wertvollen Ratgeber für die populäre Kartenlegekunst in den Händen. Lenormand-Karten werden Sie sicherlich noch lange begleiten. Wer einmal mit dem Kartenlegen angefangen hat, möchte nämlich nicht mehr so schnell damit aufhören. Aber dies ist auch verständlich, denn Lenormand-Karten sind die beliebtesten Wahrsagekarten der Welt. Sie können mit den Karten Lebensthemen beleuchten, die momentan für Sie eine wichtige Rolle spielen. Es ist möglich, die Fragen des Lebens mithilfe der Karten zu beantworten und für sich selbst einen Weg zu finden, welcher die Lebensumstände verändern kann. Dabei geht es nicht immer nur um die Zukunft. Auch die Gegenwart bietet interessante Einblicke, die mithilfe der Karten genauer analysiert werden. Immer im Blick ist die Vergangenheit, auf der alles aufbaut. Hier lassen sich viele Gründe erschließen, die für Ereignisse in der Gegenwart und in der Zukunft von Bedeutung sein können. Die Karten sind Wegweiser, Berater und auch Zukunftsdeuter, je nachdem welches Thema Sie für sich festlegen.

Das Spannende an den Lenormand-Karten ist, dass es niemals langweilig wird. Selbst, wenn eine Legung mal nicht nach Ihren Vorstellungen abläuft, und das wird sie nie, werden Sie überraschende und hilfreiche Antworten auf Ihre Fragestellungen erhalten. Natürlich wird es auch Deutungen geben, die Ihnen im ersten Moment vielleicht zu schaffen machen. Aber, und das ist die Kunst des Kartenlegens, wenn Sie unvoreingenommen an die Legung herantreten, werden Ihnen die Antworten mehr nützen, als Sie denken. Anfangs mögen Sie sich vielleicht erschrecken oder sogar amüsiert sein, bei genauerer Betrachtung geben Ihnen die Karten aber einen wichtigen Anreiz Ihr bisheriges Leben zu überdenken. Und genau dies ist auch das Ziel. Keine Legung ist in Stein gemeißelt. Die Karten zeigen Ihnen lediglich, an welchen Punkten Sie ansetzen können, um das Beste aus Ihrem Leben herauszuholen.

Dieser Ratgeber konnte Ihnen einen guten Einstieg in die Welt der Kartenlegekunst bieten. Haben Sie viel Freude mit den Lenormand-Karten und generieren Sie großartige Erkenntnisse. Madame Lenormand würde sich sicher sehr freuen, wenn Sie wüsste, wie viele Menschen sich mittlerweile für Orakelkarten interessieren. Und das, obwohl Sie selbst nicht die Erfinderin der Karten war.

Mögen Ihnen die Karten im Alltag wertvolle Begleiter sein, die Sie immer in Ihren Entscheidungen unterstützen. Bewahren Sie die Magie der Karten im Herzen und begeistern Sie auch andere Menschen für diese alte und mystische Kartenlegekunst.